प्रतिनिधि कविताएँ

कुँवर नारायण

सम्पादक
पुरुषोत्तम अग्रवाल

राजकमल पेपरबैक्स

राजकमल पेपरबैक्स में
पहला संस्करण : 2008
छठा संस्करण : 2023

राजकमल पेपरबैक्स : उत्कृष्ट साहित्य के जनसुलभ संस्करण

राजकमल प्रकाशन प्रा.लि.
1-बी, नेताजी सुभाष मार्ग, दरियागंज
नई दिल्ली-110 002
द्वारा प्रकाशित

शाखाएँ : अशोक राजपथ, साइंस कॉलेज के सामने, पटना-800 006
पहली मंजिल, दरबारी बिल्डिंग, महात्मा गांधी मार्ग, प्रयागराज-211 001

वेबसाइट : www.rajkamalprakashan.com
ई-मेल : info@rajkamalprakashan.com

बी.के. ऑफसेट
नवीन शाहदरा, दिल्ली-110 032
द्वारा मुद्रित

मूल्य : ₹ 150

PRATINIDHI KAVITAYEN
Representative Poems of Kunwar Narayan
Edited by Purushottam Agarwal

ISBN : 978-81-267-1542-8

कुँवर नारायण

कुँवर नारायण का जन्म 19 सितम्बर, 1927 को हुआ। उन्होंने बीसवीं और इक्कीसवीं सदी की सन्धि-रेखा के दोनों ओर फैले हुए अपने गुणात्मक लेखन में अध्ययन की व्यापकता,सरोकारों की विविधता, और जीवनानुभवों के सौन्दर्य-बोध के कारण कई पीढ़ियों की रचना और जीवन-दृष्टि को निरन्तर समृद्ध किया। अपनी सिसृक्षा में उनका कवि और सम्पूर्ण कृतित्व एक पूरी पारिस्थितिकी का निर्माण करता है और इसके लिए सदैव अपनी प्रतिबद्धता भी ज़ाहिर करता रहा। वे कविता के अतिरिक्त अन्य विधाओं में भी लिखते रहे। एक दुर्लभ संवेदनशीलता से उन्होंने साहित्य की कई परम्पराओं के साथ जीवन्त संवाद क़ायम किया।

उनकी प्रकाशित कृतियाँ हैं—'चक्रव्यूह', 'तीसरा सप्तक' (सहयोगी कवि), 'परिवेश : हम-तुम', 'अपने सामने', 'कोई दूसरा नहीं', 'इन दिनों', 'हाशिए का गवाह', 'सब इतना असमाप्त' (कविता); 'आत्मजयी', 'वाजश्रवा के बहाने', 'कुमारजीव' (प्रबन्ध-काव्य); 'आकारों के आसपास', 'बेचैन पत्तों का कोरस' (कहानी); 'आज और आज से पहले', 'साहित्य के कुछ अन्तर्विषयक सन्दर्भ', 'दिशाओं का खुला आकाश', 'शब्द और देशकाल', 'रुख़' (आलोचना और वैचारिक गद्य); 'लेखक का सिनेमा' (विश्व सिने-समीक्षा); 'मेरे साक्षात्कार', 'तट पर हूँ पर तटस्थ नहीं' (साक्षात्कार); 'न सीमाएँ न दूरियाँ' (अनुवाद)। अनेक भारतीय और विदेशी भाषाओं में रचनाओं के अनुवाद और संचयन प्रकाशित।

वे 'साहित्य अकादेमी पुरस्कार', ज्ञानपीठ पुरस्कार, 'प्रेमचन्द पुरस्कार', 'शलाका सम्मान', 'राष्ट्रीय कबीर सम्मान', 'कुमारन आशान पुरस्कार', समेत कई पुरस्कारों से पुरस्कृत और 'पद्मभूषण' से अलंकृत हुए।

निधन : 15 नवम्बर, 2017

सम्पर्क : अपूर्व नारायण : an@cantab.net

कुँवर नारायण का काव्य-संसार : कुछ पक्ष

कुँवर नारायण के काव्य-संसार में 'नैतिक' की केन्द्रियता को लक्ष्य किया गया है, लेकिन कभी-कभी ऐसे लहजे में मानो इस काव्य-संसार में 'नैतिक' राजनैतिक के कवि की विरक्ति का भी प्रमाण हो। वास्तविकता यह है कि कुँवर नारायण का काव्य-संसार अपनी विवेकसम्पन्नता का सर्वाधिक भास्वर प्रमाण भी नैतिक-राजनैतिक में अन्तर (बल्कि कई बार तो विरोध) को स्वीकार करने से इनकार करने में देता है। इस तरह से आरोपित द्वैधभाव और खंड-खंड दृष्टि को नकारने की प्रतिज्ञा कुँवर नारायण कविता में भी निभाते हैं, और वक्तव्य में भी। महत्त्वपूर्ण बात यह है कि कुँवर नारायण यह विवेचना सम्भव करते हैं, संवेदना और विचार के नाजुक सन्तुलन को अपनी काव्यभाषा में निरन्तर साधते हुए। सामाजिक और आत्मिक; नैतिक और राजनैतिक में से किसी एक पक्ष को डॉग्मा बना लेने के प्रलोभन का निरन्तर प्रतिवाद उनकी कविता को अद्भुत ऊर्जा और सघनता देता है और अपनी स्थिति को बेबाकी से कहने का साहस भी :

"नहीं चाहिए तुम्हारा यह आश्वासन
जो केवल हिंसा से अपने को सिद्ध कर सकता है।
नहीं चाहिए यह विश्वास, जिसकी चरम परिणति हत्या हो।
मैं अपनी अनास्था में अधिक सहिष्णु हूँ।
अपनी नास्तिकता में अधिक धार्मिक।
अपने अकेलेपन में अधिक मुक्त।
अपनी उदासी में अधिक उदार।"

ये पंक्तियाँ यों तो कवि के 'आत्मजयी' में नचिकेता ने कही, लेकिन इन्हें स्वयं कवि द्वारा अपने लिए तय की गई कसौटी के रूप में पढ़ने में भी कोई

हर्ज नहीं। और यह कहने में अतिशयोक्ति भी नहीं कि कवि बहुत दूर तक इस कसौटी पर खरा उतरा है।

कुँवर नारायण की सामाजिक संवेदना से ही परिभाषित होती है उनकी अहिंसा-दृष्टि। अहिंसा-दृष्टि का आग्रह केवल नैतिक भंगिमा नहीं, राजनैतिक वक्तव्य भी है।

इक्कीसवीं सदी की मानवीय चेतना के पास अनगिनत यादें हैं, यह समझानेवाली कि साधन शुचिता का आग्रह कोरी, हवाई 'रेटारिक' नहीं, बल्कि मानवीय कर्म की प्रामाणिकता का मूलभूत प्रतिमान है। ऐसी प्रामाणिकता से वंचित राजनैतिक कर्म में 'राज' और 'नैतिक' के बीच जो अलंघ्य खाई पैदा हो जाती है, उस खाई को इतिहास विधाता की यों तो इच्छा भी माना ही जा सकता है, लेकिन 'कवि' होने का मतलब ही है ऐसी 'इच्छा' से जिरह करना।

हिंसा मात्र की मूलगामी समीक्षा—'आत्मजयी' से लेकर आज तक, कुँवर नारायण के काव्य-कर्म में विन्यस्त है। अहिंसा दृष्टि उनकी समूची काव्य-वस्तु में व्याप्त है; लेकिन इसका सर्वाधिक सघन, मार्मिक और विडम्बना-परक विन्यास हुआ है बहुचर्चित कविता 'एक अजीब-सी मुश्किल' में। सांस्कृतिक स्मृति की कौंधे कुँवर नारायण की कविताओं में बहुतों ने लक्ष्य की हैं। ध्यान देने की बात है, स्वकीय/परकीय का भेद मिटाने की वह कोशिश जो कुँवर नारायण निरन्तर करते हैं। बहुत ही सकारात्मक रूप से उनकी संवेदना, 'कॉस्मोपॉलिटन' है। अपने सांस्कृतिक आत्म की भरपूर चेतना के साथ अपने व्यक्तिगत विफल प्रेम की स्मृति को गूँथती यह कविता दोनों ही सन्दर्भों में प्रतिशोध को 'स्वभाव' मानने का प्रतिवाद करती, 'प्रेम-रोग' की स्वर्गिक सम्भावना में आस्था रखती अद्‌भुत कविता है।

बात इसी एक कविता की नहीं। संकीर्ण जनप्रियता और उसी के तनिक विकसित रूप संकीर्ण राष्ट्रवाद के बरक्स कुँवर नारायण नैतिक संवेदना और सांस्कृतिक स्मृति का वैकल्पिक प्रस्ताव रचते हैं। इस प्रस्ताव में नचिकेता भारतीय होने के कारण 'अपने' और शेक्सपियर अंग्रेज़ होने के कारण 'पराए' नहीं। दोनों ही अपने हैं क्योंकि दोनों कवि के प्रिय मूल्यों—जिज्ञासा, सर्जनात्मकता और स्वाधीन चिन्तन के रूपक हैं। कवि कुँवर नारायण के प्रिय मिथकीय ऐतिहासिक व्यक्तित्वों का समूह और उनकी स्मृतियों का संचय

साझे मूल्यों के आधार पर रचा गया है। अभिनवगुप्त से लेकर अमीर ख़ुसरो तक, सरहपा से लेकर सबीना तक।

समाज संवेदना और अहिंसा-दृष्टि के साथ ही कुँवर नारायण की कविताओं में गुँथी हुई है बहुत मार्मिक और सूक्ष्म प्रेम संवेदना। क़यास लगाया जा सकता है कि बहुत गहरी प्रेमानुभूति ही इस संश्लिष्ट, सम्पन्न काव्य-संवेदना में फलीभूत हुई है। कविताओं से ही स्पष्ट है कि ये कविताएँ प्रेम करते मन की ही नहीं प्रेम को याद करते मन की भी कविताएँ हैं। याद इतनी गहरी, इतनी जीवन्त कि जिसमें 'करने' से व्यंजित सायासता अटपटी लगने लगती हैं, जिसमें पहले और बाद का फ़र्क़ मिट जाता है—बाक़ी बचती है दर्दभरी कौंध :

"सोचते-सोचते सो गया था एक गहरी नींद
जैसे अब सुबह न होगी
कि एक आहट से खुल गई आँखें
जैसे वही हो दरवाज़े पर
बरसों बाद
जिसे बहुत पहले आना था।"

अनुभव को स्मृति में बदलती हुई कुँवर नारायण की कविताएँ अपने प्रेम का विमर्श तो गढ़ती हैं लेकिन ज़्यादा अवकाश भावक को देती हैं। इन कविताओं में प्रेम की बात करता कवि वस्तुतः पाठक को मौक़ा और न्योता देता है कि वह स्वयं अपने प्रेम की बात सुन सके। स्मृति जिसकी रेखाएँ इतनी झीनी भी नहीं कि कवि की जीवनकथा में पहचानी ही न जा सकें, स्मृति इतनी वायवीय भी नहीं कि दैहिकता के नक़्श ही न बचे हों :

"उसके स्कर्ट से जूझती शरारती हवा
उसकी आँखों में एक मासूम परेशानी
कि 'ये मानती क्यों नहीं?'
मेरा केवल उन आँखों में हँसना रह-रह
याद हैं दो नीली आँखें कुछ इसी तरह"

कितना स्वाभाविक है कि कुँवर नारायण 'कवि सरहपा' के अद्भुत साहसपूर्ण प्रेम का आख्यान याद करते हैं। यह आख्यान, स्वयं सरहपा, उन्हें

याद करते कवि और इस याद से गुज़रते भावक, तीनों के ही प्रेमानुभव के मूलभूत अर्थ–अभेद और मुक्ति–को एक सूत्र में गूँथ देता है। दो देहों के भेद को अभेद में बदलने की अभीप्सा, निषेधों को पार करने के दुस्साहस की डगर पर चलकर 'काया से उगते वसन्त' का रूप लेती है, और कविता में गूँज उठता है 'उस खेल का कवित्व', 'मनुष्य के मुक्त होने का अर्थ!'

"दोनों मिलकर खेलते एक खेल
जिसमें दोनों जीतते हैं एक साथ।
बचा रह जाता
उस खेल का कवित्व
और स्त्री-पुरुष,
ऊँच-नीच के अभेद में
मनुष्य के मुक्त होने का अर्थ"

हिंसा की चिन्ता और उस पर संवेदनासम्पन्न चिन्तन कुँवर नारायण का केन्द्रीय सरोकार है :

"शायद उसी मुश्किल वक़्त में
जब मैं एक डरे हुए जानवर की तरह
उसे अकेला छोड़ कर बच निकला था ख़तरे से सुरक्षा की ओर
वह एक फँसे हुए जानवर की तरह
ख़ूँख़्वार हो गया था।"

जो ख़ूँख़्वार हो गया था उसकी निन्दा करना आसान है, लेकिन कवि की गहरी अहिंसा-दृष्टि का ध्यान उस पर है जो ख़तरे से सुरक्षा की ओर बच निकला था। फँसे हुए जानवर के ख़ूँख़्वार होने का, डरे हुए जानवर के डर या चतुराई से क्या रिश्ता है? कवि की नैतिकता इस असुविधाजनक सवाल को उठाने में ही है।

कुँवर नारायण 'जनता' नामक अमूर्तन का भी महिमामंडन नहीं करते। वे इस अमूर्तन को ठोस ऐतिहासिक या लोकजीवन के कर्ताओं के माध्यम से जाँचते-परखते हैं। ऐसे कर्ताओं पर ध्यान देती उनकी कविता जनसंघर्षों को परखती हैं अधिक आत्मीय सन्दर्भ में। कर्ताओं की पहचान ज़रूरी हैं, वरना तो 'जनता' नामक अमूर्तन से न तो ठोस लगाव सम्भव है, न उस

अमूर्तन के नाम पर होनेवाले राजनैतिक, नैतिक-अनैतिक कर्मों की पड़ताल :

"जनता का क़ुसूर नहीं होता। उसने तो
हर बार की तरह इस बार भी
सिर्फ़ जला दिया था हंगामों और पटाख़ों के बीच
रद्दी अख़बारों का बना एक पुतला और..."

लेकिन जब कविता नैतिक कर्ताओं की पहचान या रचना करती है तो सम्मेदीन नामक चरित्र अपनी समकालीनता और साधारणता के साथ ही, पाठकीय स्मृति में बसे चिर-परिचित चरित्र का भी रूप ले लेता है। व्यक्ति के रूप में, जिसका मारा जाना पहले से तय है, वह निहत्था सम्मेदीन नैतिक संघर्षशीलता का शाश्वत रूपक बन जाता है। जान पर खेलकर लड़ी जा रही उसकी लड़ाई; चतुर व्यावहारिकता, साथी मनुष्य को अकेला छोड़कर सुरक्षा की ओर चल देनेवाले 'जानवर के डर' का 'ख़ब्ती' प्रतिवाद बन जाती है :

"बचाए रखना
उस उजाले को
जिसे अपने बाद
ज़िन्दा छोड़ जाने के लिए
जान पर खेल कर आज
एक लड़ाई लड़ रहा है
किसी गाँव का कोई ख़ब्ती सम्मेदीन"

धर्म है इस उजाले को बचाए रखना, ताकि कुछ तो फ़र्क़ बचा रहे 'धर्मयुद्ध' और 'कीटयुद्ध' में, कर्त्तव्य है सम्मेदीन के 'ख़ब्त' को अपनाना आज के भारत के सन्दर्भ में—इस वक़्त में जो कि :

"अजीब वक़्त है
बिना लड़े ही एक देश-का-देश
स्वीकार करता चला जाता
अपनी ही तुच्छताओं की अधीनता"

प्रतिहिंसा के आख्यान में बदले जा रहे इतिहास से जिरह कुँवर नारायण की कविता का केन्द्रीय सरोकार है। इस आख्यान के रूपक बनते हैं मध्यकाल का नालन्दा और अभी कुछ वर्ष पहले की 'अयोध्या-1992'।

लेकिन, उम्मीद नहीं छोड़ती कविता। नहीं छोड़ती शब्द और अर्थ को पुनः प्रतिष्ठित करने का संकल्प। इस संकल्प को धारण करनेवाले कवि ही उत्तर देते हैं—'किसी दरिद्र समय में कवियों की ज़रूरत' को लेकर उठाए गए सवालों का। संकल्प, कविता का उपयोग स्वयं भाषा की छानबीन के लिए करने का, और भाषा का उपयोग भीतर-बाहर निरन्तर की संश्लिष्ट वास्तविकता की छानबीन के लिए करने का। ऐसी कविता किसी नितान्त कवितारहित ज़िन्दगी में भी सचमुच बहुत कुछ हो सकती है, और हर समय की तरह हमारे समय को भी ऐसी कविता की ज़रूरत है।

आधुनिक हिन्दी कविता की भाषा के सामने मौजूद सर्जनात्मक चुनौती को कुँवर नारायण ने 'तीसरा सप्तक' में इन शब्दों में लक्ष्य किया था :

"एक पचास वर्ष की बाल-भाषा को युग के ऐसे प्रौढ़ व्यक्तित्व को अभिव्यक्ति देनी है जिसकी जानकारी के पीछे तीन हज़ार साल पुरानी परम्परा और सामने आधुनिक जीवन के सैकड़ों नए-नए पहलू हैं।"

शुरू से लेकर अब तक की कविताएँ सिलसिलेवार पढ़ी जाएँ तो कुँवर नारायण की भाषा में बदलते मिज़ाज को लक्ष्य किया जा सकता है। आरम्भिक कविताओं पर नई कविता के दौर की काव्यभाषा की स्वाभाविक छाप स्पष्ट है। इस छाप के बावजूद छटपटाहट है, कविता के वाक्य-विन्यास को आरोपित सजावट से मुक्त कर सहज वाक्य-विन्यास के निकट लाने की। आगे चलकर यह वाक्य-विन्यास कुँवर नारायण की कविता के लिए स्वभाव-सिद्ध हो गया है। लेकिन उनकी विशेषता यह है कि उन्होंने सहज वाक्य-विन्यास को बोध के सरलीकरण का पर्याय अधिकांशतः नहीं बनने दिया। सहज रहते हुए सरलीकरण से बचे रहना, साधना की कठिन अभ्यास की माँग करता है। 'सहज-सहज सब कोई कहै—सहज न चीन्हे कोय!' बाल-भाषा में 'प्रौढ़ व्यक्तित्व को अभिव्यक्ति' देने की चुनौती को कुँवर नारायण ने बहुत गहरे में लिया और जिया है। परम्परा की स्मृति और 'सैकड़ों नए-नए' पहलुओं को धारण करनेवाली काव्य-भाषा सम्भव करने के लिए जो साधना उन्होंने की होगी, उसका अनुमान ही किया जा सकता है। कुँवर नारायण इस महत्त्वपूर्ण सच्चाई के प्रति सजग हैं कि 'कलाकार-वैज्ञानिक के लिए कुछ भी असाध्य नहीं।' वे इस गहरी सच्चाई से भी वाक़िफ़ हैं कि चिन्तन चाहे दार्शनिक प्रश्नों पर किया जाए चाहे वैज्ञानिक तथ्यों पर,

काव्यात्मक भाषा ही प्रत्यक्ष दीखनेवाले विरोधों के परे जाकर मूलभूत सत्यों को धारण करने का हौसला कर पाती है।

मिथकों के प्रति गम्भीर संवेदनशीलता रखते हुए कुँवर नारायण उन्हें न तो जबरन इतिहास बनाते हैं, न उनमें अपने समकालीन राजनैतिक आग्रहों को ठूँसते हैं। भाषा के प्रति संवेदनशील कवि जानता है कि मिथकों की वास्तविक सार्थकता उनकी बहुलार्थ सम्भाव्यता में ही है; सुज्ञात, सुपरिभाषित ऐतिहासिक तथ्य या व्यक्ति बन जाने में नहीं। कवि मिथक की पुनर्रचना करता है। इन पुनर्रचना में उसके अपने आग्रहों का आना स्वाभाविक, बल्कि निर्णायक है, लेकिन इन पुनर्रचना की विश्वसनीयता, कवि के अभिप्रेत को व्यंजित कर सकने की क्षमता पुनः भाषा के उसी नाजुक सन्तुलन पर निर्भर करती है । मिथक-वस्तु की रक्षा करते हुए ही उसे अपने समय के सरोकारों से जोड़ने का यह प्रयत्न एक भी शब्द की लापरवाही से विफल हो सकता था। सन्दर्भ मिथकों, किंवदन्तियों या ऐतिहासिक व्यक्तियों का हो, चाहे आस-पास के पर्यवेक्षण का, कुँवर नारायण भाषा के सन्तुलन को हाथ से छूटने नहीं देते।

कुँवर नारायण की कविताएँ अपने विविध रूपों में आपके सामने हैं। उनमें जीवन तो है ही, जीवन से बड़ा एक सपना भी है और उस सपने के भागीदार हैं आप सब।

–पुरुषोत्तम अग्रवाल

अनुक्रम

इन दिनों (2002)

चक्रव्यूह

माध्यम

वस्तु और वस्तु के बीच भाषा है
जो हमें अलग करती है,
मेरे और तुम्हारे बीच एक मौन है
जो किसी अखंडता में हमको मिलाता है
एक दृष्टि है जो संसार से अलग
असंख्य सपनों को झेलती है,
एक असन्तुष्ट चेतना है जो आवेश में पागलों की तरह
भाषा को वस्तु मान, तोड़-फोड़ कर
अपने एकान्त में बिखरा लेती है
और फिर किसी सिसकते बालक की तरह कातर हो
भाषा के उन्हीं टुकड़ों को पुनः
अपने स्खलित मन में समेटती है, सँजोती है,
और जीवन को किसी नए अर्थ में प्रतिष्ठित करती है।

जीवन से वही मेल रोज़-रोज़ धीरे-धीरे,
कर न दे मलिन
आत्मदर्पण अति परिचय से;
ऊब से, थकन से, बचा रहे...
रहने दो अविज्ञात बहुत कुछ...

चाँद और सूनी रातों का बूढ़ा कंकाल,
कुछ मुर्दा लकीरें
कुछ गिनी-चुनी तसवीरें,

जो मैं तुम्हें देता हूँ
पुरानी चौहद्दी की सीमा-रेखाएँ हैं,
पर मैं प्रकाश का वह अन्तःकेन्द्र हूँ
जिससे गिरनेवाली वस्तुओं की छायाएँ बदल सकती हैं!
हाड़-सी बिजलियों की तरह अकस्मात्
अपनी पंक्तियों में भभककर
मैं संसार को नंगा ही नहीं करता,
बल्कि अस्तित्व को दूसरे अर्थों में भी प्रकाशित करता हूँ

मेरे काव्य के इन मानस परोक्षों से
एक अपना आकाश रचो,
मेरे असन्तुष्ट शब्दों को लो
और कला के इस विदीर्ण पूर्वग्रह मात्र को
सौन्दर्य का कोई नया कलेवर दो,
(क्योंकि यही एक माध्यम है जो सदा अक्षुण्ण है)
शब्दों से घनिष्ठता बढ़ने दो
कि उनकी एक अस्फुट लहक तुम्हारे सौम्य को छू ले
और तुम्हारी विशालता मेरे अदेय को समझे :

स्वयंसिद्ध आनन्द के प्रौढ़ आलिंगन में
समा जाए ऋचाओं की गूँज-सा आर्यलोक,
पूजा के दूब-सी कोमल नीहार-धुली
दुधमुँही नई-नई संसृति को
बाल-मानवता के स्वाभाविक सपनों तक आने दो...
एक सात्विक शान्ति
प्रभात के सहज वैभव में थम जाए,
असह्य सौन्दर्य विस्मय की परिधि में
अकुला दे प्राणों को मीठे-मीठे...
ऐ अजान,
तुम तक यदि मेरा भावोद्वेल पहुँचे,

तो इस कोलाहल को अपने आकाशों में भरसक अपनाना;
तुम्हें आश्चर्य होगा यह जानकर

कि कवि तुम हो...
और मैं केवल कुछ निस्पृह तत्त्वों का एक नया समावेश,
तुम्हारी कल्पना के आस-पास मँडलाता हुआ
जीवन की सम्भावनाओं का एक दृढ़ संकेत...

ओस-नहाई रात

ओस-नहाई रात
गीली सकुचती आशंक,
अपने अंग पर शशि-ज्योति की सन्दिग्ध चादर डाल,
देखो
आ रही है व्योमगंगा से निकल
इस ओर
झुरमुट में सँवरने को...दबे पाँवों
कि उसको यों
अव्यवस्थित ही
कहीं आँखें न मग में घेर लें
लोलुप सितारों की।

प्रथम बरसात का निथरा खुला आकाश,
पावस के पवन में डगमगाता
टहनियों का संयमित वीरान,
गूँजती सहसा किसी बेनींद पक्षी की कुहुक
इस सनसनी को बेधती निर्बाध,
दूर तिरते छिन्न बादल...

स्वप्न के ज्यों मिट रहे आकार
सहसा चेतना में अधमिटे ही थम गए हों :

कामना,
कुछ व्यथा,
भावों की सुनहली उमस,
चंचल कल्पना,
यह रात और एकान्त...

छन्द की निश्चित गठन-से जब सभी सामान जुट आए
फिर भला उस याद ही ने क्या बिगाड़ा था
...कि वो न आती?

सागर के किनारे

इस रात
सागर के किनारे
हम इसी विश्वास से चल रहे हैं
कि वहाँ
चाँदनी में विहार करती
जल-परियों को देखेंगे :

उस भुरभुरी बालू पर
जहाँ लहरों की तरलता नाच चुकी होगी
हम बैठेंगे
गुमसुम
चुपचाप
उसी सुकुमार दृश्य से घुले-मिले :

और तभी सागर की रहस्य-क्रोड़ से निकलेगी
नीली रुपहली परियों की झिलमिलाती माया,
विलासी रंगरलियाँ,
उनकी दिव्य वासनाओं का अशरीर सम्भोग,
जिन्हें हम आज देखेंगे,
और जिस सौन्दर्य-समर्पण की एक निष्काम स्मृति-जगमगाहट
एक मीठा स्वप्न-बोझ ही रह जाएगी...
कल
इनके मन पर
जब ये मिचमिचाती लहरें चकित-सी जागेंगी...
जब इनके गुलाबी चेहरों की चटखती ताज़गी में
मुस्कराएँगी छिपी प्रेम-लीलाएँ :
और जिसका राज़
केवल हमतुम जानेंगे।

छोटा-सा उत्सव

प्रिय, इन आँखों के नीले एकान्त में
प्यार के अनकहे भावों को उमगने दो;

कुछ भी न बोलें हम,
बिलकुल न डोलें हम,
केवल दो जूही-से
जीवन-प्रदेश में
फूलें और महकें हम :

अपने उछाह के निजी वसन्त में
निर्निमेष एक हर्ष

पुष्पित उद्‌गारों का
नयनों में नाच उठे,
भूलें औ' बहकें हम :

जब यह छोटा-सा उत्सव बुझ जाएगा,
साथ हम समय की बहती हुई धारा में
मिलकर बह जाएँगे :
किन्हीं अजनबी विदाओं के पतझर में,
सपनों के ढहते अटम्बर से टूटकर,
इसी अँधकार संग जीवन-सीमाओं से
दूर ढुलक जाएँगे :

कारक सुन्दरता के मूल बीज तेजस्वी,
मिट्टी की मोदमयी गोद बीच ओजस्वी,
युगों से, यही एक परिचय है जीवन का—
प्राणों-से-प्राणों तक
प्रतिक्षण जो आया है।

अनभूला दर्द

मैं जानता हूँ आज ये गान नहीं सँवरेंगे।

सागर के फेनिल उच्छ्‌वास शान्ति लाते हैं।
घूमता हूँ अनमना
कि इस तन्मय जलखंड की अहरह सलिलता
कर्कश कगारों की अखरन की छेंक ले,
व्योम-व्याप्त/भूमि पास
कण-कण को लिपटाए कातर आलोक का

अस्त-व्यस्त ढारस स्वर
मेरे आमोदहीन अन्तर में रम जाए
और वह चिकोटता प्रतिपल बेस्वाद दर्द
शान्ति में अनूदित हो/तम-पट पर उतर आए :

पर क्यों इस ऊर्ध्वमान लक्ष्य की तराई में
सीली-सी आर्द्रता?
दीख रहे मेघों की फूटी पपड़ियों तले
लाल अनपुरे घाव?
रूखे पाषाणों की काई जमी दरारों में
छिपकली-सी चेतना?
काल की चपेटों से छिला दरदरा वाह्य,
सिसक रही वेदना?
नहीं, आज जीवन के स्वप्न नहीं ठहरेंगे,
मैं जानता हूँ
आज ये गान नहीं सँवरेंगे।

सिद्ध वेदना

रंग का सोता रँगा घन तो नहीं,
वह किरण है प्राणद
उमड़कर नभ-प्रवह स्रोतस्विनी-सी जो
खिलाती दग्ध मटियारे घनों में
इन्द्रधनुषी लहलही :

यह आग अंगीकार
उर्वर वेदना को
गगन उन्मुख कर

जगत पर दूर तक छा दे...

अलख वह किरण
मेरे पास है सतरंगिनी
जो दर्द से गुज़रे बिना खुलती नहीं।

चिटके स्वप्न

एक ही अनुरक्ति तक संसार जीता है :
वह समर्पण है समझ का ज़िन्दगी को
जो किसी विश्वास तक
"मैं स्वप्न" को मरने नहीं देता,
किसी गन्तव्य तक
अस्तित्व को थकने नहीं देता...
वही है अन्त जब विश्वास मर जाता,
नहीं जब घोर माया
घाव मन के मूँद पाती है।

संगमरमर के गड़े स्तम्भ
जो देते किसी नभ को सहारा
ढह गए...
परछाइयाँ झरती रहीं जिद्दी पनपती घास पर
जो सदा बढ़कर छेंक लेती है
गिरे मीनार, क़ब्रिस्तान, खंडहर आदि...
जिसकी लहलहाती बाढ़ में
ऐश्वर्य कितने बह गए।

फिर भला कैसे न मानूँ वह वनस्पति ही अमर है

जो सदा बसती रही पिछली दरारों में समय की,
और जिसका दीर्घ आगत
पूर्ण रक्षित है हमारे गगनचुम्बी महल सपनों में...
...और हम इनसान हैं वह
जिसे प्रतिपल एक दुनिया चाहिए

गिद्धों की बस्ती में

गन्दी दीवार पर
गिद्धों की बस्ती,
खाने को मिलती है
लाश यहाँ सस्ती;

बिछी बही पर,
रही-सही पर,
किसी मुंशी की तरह
क़न्धों के बल टँगे,
लाल रोशनाई से
चोंच क़लम रँगे,
ज़िन्दगी उलट-पलट,
खोल-मूँद खाते,
आय और व्यय का
कुछ हिसाब बनाते।

प्रश्न

तारों की अन्ध गलियों में

गूँजता हुआ उद्दंड उपहास...

वह मेरा प्रश्न है :

विशाल आडम्बर,
अपनी चुभती दृष्टि की गर्म खोज में मैंने
प्रश्नाहत जिस विराट हिमपुरुष को
गलते हुए देखा...

क्या वह तेरा उत्तर था?

शून्य और अशून्य

एक शून्य है
मेरे और तुम्हारे बीच,
जो प्रेम से भर जाता है :

एक शून्य है
मेरे और संसार के बीच,
जो कर्म से भर जाता है :

एक शून्य है
मेरे और अज्ञात के बीच,
जो ईश्वर से भर जाता है :

एक शून्य है
मेरे हृदय के बीच
जो मुझे मुझ तक पहुँचाता है।

मैं जानता हूँ...

मैं जानता हूँ तुम धनाढ्य हो,
और मैं एक भिखमंगे का सवाल हूँ :

हज़ारों आवाज़ें, हज़ारों चुप्पियाँ
बेदर्द यही कहती हैं,
"आगे अढ़ो...यहाँ क्या है।"
और मैं मानों
अज्ञात दिशा में नए दरवाज़ों की ओर
एक नाउम्मीद चाल हूँ :

मेरी बेअसर पुकारें
किसी हमदर्द को ढूँढ़ती ही रहीं,
बार-बार यही लगा
कि जिसे कोई नहीं जानता
तुम वो पता हो,
और जिसे किसी ने न सुना
मैं वो हाल हूँ।

गंगा-जल

फूट कर समृद्धि की स्रोत स्वर्णधारा से
छलकी
गंगा बही धर्मशील,
सूर्य स्थान था
जहाँ से मानव स्वरूप
कोई धर्मावतार

रत्न जटित, आभूषित, स्वयं घटित,
हिम के धवल शृंगों पर
आदिम आश्चर्य बना :

जनता का शक्ति धन
साधन धनवानों का...
उसी चकाचौंध में सज्जनता छली गई,
धर्म धाक,
भोला गजराज चतुर अंकुश से आतंकित
अहंहीन दास बना,
शक्ति के ज्ञान की क्षमता भी चली गई :

ऐ मुक्त वन विहारी।
गर्दन ऊँची करो,
गंगा का दानी जल
लोक हित बहता है,
वंशज भगीरथ के,
उसका कल-कल निनाद
जन वाणी कहता है;
आओ, शक्ति बाँध
कमल वन के इसी क्रीड़ा जल में...
अछूती गहराइयों में उतरें...
अवगुंठित बल से इस धारा प्रवाह में
भय विहीन
विहरें,
देखें तो जीवन की दुर्दम दुख कारा में
सचमुच ही कौन कैद
सदियों से रहता है।

वरासत

कौन कब तक बन सकेगा कवच मेरा?
युद्ध मेरा, मुझे लड़ना
इस महाजीवन समर में अन्त तक कटिबद्ध :

मेरे ही लिए यह व्यूह घेरा,
मुझे हर आघात सहना,
गर्भ-निश्चित मैं नया अभिमन्यु, पैतृक-युद्ध!

अस्तित्व के घेरे में

क्या यही प्रण था मेरा—हार मानूँगा नहीं?
चाहे चिर विदग्धता, चाहे शर-शय्या हो,
चाहे मँझधार बीच डगमग यह नैया हो,
हार हथियार डाल
हार पतवार डाल,
भय-जड़ बैठूँगा नहीं?—
दृढ़ पैरों ही से शिविर में लौटूँगा,—
तेजस्वी-मुख ही मैं विराट से भेंटूँगा?
क्या यही प्रण था मेरा?

यदि यही प्रतिज्ञा थी!—हार मानूँगा नहीं।
किसी भी परिस्थिति में घुटने टेकूँगा नहीं।
उज्ज्वल परिहारों से
कालिख का एक-एक अँधकार मेटूँगा।

काश, यही होता एक जीवन का सुलझा सत्य,
सरल ही होते तब रण के कौशल प्रयोग
सरल धर्म होता तब लड़ना औ' मर मिटना,—
जीतना—हारना।
घात-प्रतिघातों का नपा-तुला, सर्वमान्य
एक आरम्भ, एक अन्त, एक बच सकना।

मानूँ क्यों न लेकिन मैं होती कुछ और भी गतिविधि हर जीवन की?
घटना हो?—क्रम हो?—
गले में पड़ी हुई बरबस गलबाँही हो?—
कर्मठ भुजदंड नहीं,
कृष्ण, भीष्म, कर्ण, नहीं,—
एक मुठभेड़ हो अनेक अजनबियों से?—
भ्रम हो?—उन्माद हो?—रोग हो?—कराह हो?—
या सिर्फ छीलन हो किसी अन्य गढ़न की?
सत्य औ' सनातन के वैदिक अध्यायों में,
पिछले महाभारत के युद्ध पर्यायों में
अन्तर हो कहीं कुछ?
हो यदि कायरता का कोई आधुनिक मूल्य?—
तर्क-युक्त, युग-सम्मत, वैज्ञानिक पक्ष एक?
युद्ध का कुल प्रसंग गीता से छोटा हो?
जीवन का सही वेद हिंसा से रीता हो?

तो भी यह धर्म-युद्ध? लड़ते ही जाना है?
बर्बर इतिहास यही,
क्रूर अट्टहास यही,
जागता पी नस-नस में भरते ही जाना है?—
बनो क्रूर,
बनो वीर,
एक तसवीर—स्याह झंडों पर नर-कपाल—

मृत्यु-चिह्न, महाकाल,
बनते ही जाना है?
ओ मानव के विवेक—ओ विचार—
बुद्धि—ज्ञान—धैर्य्य—प्यार—
कुछ तो तुम्हारा भी होगा इतिहास कहीं?
जीवन, चँगेज़ों का केवल अट्टहास नहीं।

उत्सर्ग

हैं मुझे स्वीकार
मेरे वन, अकेलेपन परिस्थिति के सभी काँटे :

ये दधीची हड्डियाँ
हर दाह में तप लें,
न जाने कौन दैवी आसुरी संघर्ष बाक़ी हों अभी,
जिसमें तपाई हड्डियाँ मेरी
यशस्वी हों,
न जाने किस घड़ी की देन से मेरी
करोड़ों त्याग के आदर्श
विजयी हों :

जिसे मैं आज सह लूँ
कल वही देवत्व हो जाए,
न जाने कौन-सा उत्सर्ग
बढ़ अमरत्व हो जाए।

सवेरा

करोड़ों आँख वाली रात पर,
दानव सरीखी रात पर,
ताज़ा सवेरा :

पूर्व में आलोक...
पहला पाँव...
थोड़ा काँप कर :

रात चौंकी इस तरह
ज्यों छिप रही हो
कहीं कोई पुण्य-नाशक पाप कर :

ज्योति के पँजे ठहरते रात पर पैने,
घेर कर तम को उतरते आग के डैने,
चमकता सोनपँखी गरुड़ काले साँप पर :

वन्दना के स्वर उभरते,
हर्ष से पक्षी चहकते,
एक बावन किरण बढ़कर छा गई आक्षितिज,
तीनों लोक पग से नाप कर :

कई यादों सताई बात पर,
अब तक अखरती बात पर,
ताज़ा सवेरा।

कुछ ऐसे भी यह दुनिया जानी जाती है...

पागल-से, लुटे-लुटे,
जीवन से छुटे-छुटे
ऊपर से सटे-सटे,
अन्दर से हटे-हटे,
कुछ ऐसे भी यह दुनिया जानी जाती है :

अपनी ही रची सृष्टि,
अपनी ही ब्रह्म-दृष्टि,
ऊपर से रचे-रचे,
अन्दर से बचे-बचे,
कुछ ऐसे भी दुनिया पहिचानी जाती है :

स्वयं बिना नपे-तुले,
कण-कण से मिले-जुले,
ऊपर से ठगे-ठगे,
अन्दर से जगे-जगे,
कुछ ऐसे भी दुनियाँ अनुमानी जाती है।

मूल्य

संचय कर लेने दो वस्तु सार,
कहीं परिचय है मूल्यों से, परख कहीं;
भाव की परिवर्तिनी भाषा
मुझे अपने असल से आँक लेने दो यहीं :

ओ विक्रेता, वस्तुएँ सब बिकती हैं,

कभी अनमोल, कभी बिना मोल,
मूल्य चढ़ते हैं गिरते हैं, चीज़ मिट्टी है,
अवसर हर भार को देता है स्वयं तोल :

मैं द्रव्य हूँ : मौत की मुहर मुझ पर,
जीवन में चलता हूँ,
घिस जाने तक, खो जाने तक,
एक आन रखता हूँ

एक कसौटी है मुझमें
और एक पदार्थ है मेरे पास,
मैं वह संघर्ष हूँ जिसमें अभिनीत
दो मौलिक विकास।

जीवन में यथार्थ नहीं
दृष्टि भर मिलती है,
खरीदार सच्चा हो :
सृष्टि बेचारी तो सभी दाम बिकती है

दूरी के पास

दूरी तुम दूर नहीं, मेरी पुकार अक्षम है :
कोई विस्तार दृष्टि मुझ में ही कम है :

हर सपना जीवन की हलचल से टकराता,
खंड-खंड प्रतिध्वनि हो अम्बर में घुल जाता :

वही दर्द मुझको जो सूना कर जाता है,

जीवन की सिम्तों को दूना कर जाता है :

मेरे निःश्वास पिंड झपक रहे रात-दिन,
कई गुना हो विराट तारों की पंक्ति गिन :

छोटा-सा रजत-दूह, जीवन की प्राण-अवधि,
झाँकती कपालों से इच्छा की निरावधि :

मन कातर हुआ, तभी देखा सन्ध्या उदास है,
अपनी से अधिक व्यथा औरों के पास है :

किरण आई, हर्ष से कौन क्षण रचा नहीं?
चली गई, कोई कण तड़पन से बचा नहीं :
जीवन को जीवन से मिल कर ही बल मिलता,
औरों में जी कर ही अपना सम्बल मिलता :

जीवन तुम तुच्छ नहीं, मेरी दृष्टि छोटी है,
तुम यदि निस्सार हो, मेरी परख खोटी है!

बीज, मिट्टी और खुली जलवायु

ज़िन्दगी की कुछ जड़ें हैं
जो सहज ही जकड़ लेतीं भूमि,
कुछ फैलाव भी है
माँगते जो प्रतिक्षण आकाश।

ज्योति की चंचल उँगलियाँ
खोल सकतीं कहीं तम में बन्द

आदिम प्रस्फुटन के द्वार...

दास, जब तुम किसी को आराध्य करते हो,
तुम मुझे कुछ सोचने पर बाध्य करते हो...

पूज्य मिट्टी है मगर पत्थर नहीं,
कर्मभोगी आदमी बंजर नहीं,
मत इनसान को शिशु भयों से घेरो,
उसे पूरी तरह तम से निकलने दो;

कुछ चमकता है स्वयं भगवान-सा, पाकर प्रकाश!
चेतना का न्यून अंकुर,
मनुजता की सहज मर्यादा,
उपजने दो खुली, सन्तुष्ट, रस जलवायु में,
क्योंकि विकसित व्यक्ति ही वह देवता है
इतर मानव जिसे केवल पूजता है;
आँक लेगा वह पनप कर
विश्व का विस्तार अपनी अस्मिता में,...
सिर्फ उसकी बुद्धि को हर दासता से मुक्त रहने दो।

अटूट क्रम

क्या ज़रूरी है कि यह मालूम ही हो लक्ष्य क्या है?
अनवरत संघर्षरत इस ज़िन्दगी का पक्ष क्या है?

क्या बुरा है मान लूँ यदि
चाल का सम्पूर्ण आकर्षण अनिश्चित मार्ग
जिसका अन्त है शायद

कहीं भी,
या कहीं भी नहीं।

दृष्टि में आलोक इंगित, एक तारा,
ग़ैर राहों में भटकता एक बंजारा,
समझ लूँ शान से

हर क्षण हमारा घर
कहीं भी
या कहीं भी नहीं।

क्या बुरा है यदि किसी क्षण से अचानक
प्रस्फुटित हो एक प्रगल्भ बहार-सा मूर्छित वनों में
पुनः अपने बीज के भवितव्य ही तक लौट आऊँ...
और अगला क़दम हो मेरा उठाया क्रम

कहीं भी,
या कहीं भी नहीं।

स्वयं की अभिव्यक्तियाँ

क्या यही हूँ मैं!
अँधेरे में किसी संकेत को पहिचानता-सा?
चेतना के पूर्व सम्बन्धित किसी उद्देश्य को
भावी किसी सम्भावना से बाँधता-सा?

स्याह अम्बर में छिपी आलोक की गंगा कहीं
हर रात तारों से टपकती अनवरत,

नींद के परिवेश में भी सजग रहती
चेतना की, स्वप्न बन, कोई परत :

कौन तमग्राही कठिन बेहोशियों में
भोर का सन्देश भर जाता?
कौन मिट्टी का अँधेरा गुदगुदा कर
फूल के दीपक जलाता?

क्या यही हूँ मैं!
उजागर इस क्षितिज से उस क्षितिज तक जागता-सा?
एक क्षण की सिद्ध, प्रामाणिक, परिष्कृत चेतना से
युग-युगों को माँजता-सा?

चक्रव्यूह

युद्ध की प्रतिध्वनि जगाकर
जो हज़ारों बार दुहराई गई,
रक्त की किलकावली कुछ और रँगकर
लोरियों के संग जो गाई गई,–
उसी इतिहास की स्मृति,
उसी संसार में लौटे हुए,
ओ योद्धा, तुम कौन हो?

× × ×

मैं नवागत वह अजित अभिमन्यु हूँ
प्रारब्ध जिसका गर्भ ही से हो चुका निश्चित,
अपरिचित ज़िन्दगी के व्यूह में फेंका हुआ उन्माद,

बाँधी पंक्तियों को तोड़
क्रमशः लक्ष्य तक बढ़ता हुआ जयनाद :

गोरे हाथ में टूटा हुआ पहिया,
पिघलती आग-सी सन्ध्या,
बदन पर एक फूटा कवच,
सारी देह क्षत-विक्षत,
धरती—खून में ज्यों सनी लथपथ लाश,
सिर पर गिद्ध-सा मँडला रहा आकाश...

मैं बलिदान इस संघर्ष में
कटु व्यंग्य हूँ उस तर्क पर
जो ज़िन्दगी के नाम पर हारा गया,
आहूत हर युद्धाग्नि में
वह जीव हूँ निष्पाप
जिसको पूज कर मारा गया,
वह शीश जिसका रक्त सदियों तक बहा,
वह दर्द जिसको बेगुनाहों ने सहा।

यह महासंग्राम,
युग-युग से चला आता महाभारत,
हज़ारों युद्ध, उपदेशों, उपाख्यानों, कथाओं में
छिपा वह पृष्ठ मेरा है
जहाँ सदियों पुराना व्यूह, जो दुर्भेद्य था, टूटा,
जहाँ अभिमन्यु कोई भयों के आतंक से छूटा :
जहाँ उसने विजय के चन्द घातक पलों में जाना
कि छल के लिए उद्यत व्यूह-रक्षक वीर-कायर हैं,
—जिन्होंने पक्ष अपना सत्य से ज्यादा बड़ा माना—
जहाँ तक पहुँच उसने मृत्यु के निष्पक्ष, समयातीत घेरे में
घिरे अस्तित्व का हर पक्ष पहिचाना।

तीसरा सप्तक

खामोशी : हलचल

कितना ख़ामोश है मेरा कुल आस-पास,
कितनी बेख़्वाब हैं सारी चीज़ें उदास,

दरवाज़े खुले हुए, सुनते कुछ, बिना कहे,
बेवकूफ़ नजरों से मुँह बाए देख रहे :

चीज़ें हैं, चीज़ें बेजान हैं,
फिर भी यह लगता है बेहद परेशान हैं,
मेरी नाकामी से ये भी नाकाम हैं
मेरी हैरानी से ये भी हैरान हैं :

टिक-टिक कर एक घड़ी चुप्पी को कुचल रही,
लगता है दिल की धड़कन को निगल रही,

कैसे कुछ अपने-आप गिर जाए, पड़ जाए—
खनककर भनककर लड़ जाए भिड़ जाए?

लगता है, बैठा हूँ भूतों के डेरे में,
सजे हुए सीलबन्द एक बड़े कमरे में,

सदियों से दूर किसी अन्धे उजियाले में
अपनों से दूर एक पिरामिडी घेरे में :

एक-टक घूर रहीं मुझको बस दीवारें,
जी करता उन पर जा यह मत्था दे मारें,
चिल्लाकर गूँजों से पत्थर को थर्रा दें...
घेरी ख़ामोशी की दीवारें बिखरा दें,

इन मुरदा महलों की मीनारें हिल जाएँ,
इन रोगी ख़्यालों की सीमाएँ घुल जाएँ,
अन्दर से बाहर आ सदियों की कुंठाएँ
बहुत बड़े जीवन की हलचल से मिल जाएँ।

जाड़ों की एक सुबह

रात के कम्बल में
दुबकी उजियाली ने
धीरे से मुँह खोला,
नीड़ों में कुलबुल कर,
अलसाया-अलसाया,
पहला पंछी बोला :
दूर कहीं चीख़ उठा
सीले स्वर से इंजन,
भर्राता, खाँस-खूँस
फिर छूटा कहँर-कहँर,
कड़वी आवाज़ों से
ख़ामोशी चलनी कर,
सिसकी-पर-सिसकी भर
        गई ट्रेन क्षितिज पार :
क्रमशः ध्वनि डूब चली,
चुप्पी ने झुँझला कर
मानो फिर करवट ली,

ओढ़ लिया ऊपर तक
खींच सन्नाटे को,
धीरे से उढ़का कर
　　　　निद्रा के खुले द्वार :

बह निकली तेज़ हवा
पेड़ों से सर-सर-सर,
काँप रहे ठिठुरे से
पत्ते थर-थर थर-थर,
शबनम से भीगे तन
सुमन खड़े सिहर रहे,
चितकबरी नागिन-सी
भाग रही शीत रात,
लुक-छिपकर आशंकित
लहराती पौधों में
बिछलन-सी चमकदार,
छोड़ गई कोहरे की
केंचुल अपने पीछे,
　　　　डँसती ठंडी बयार :

तालों के समतल तल
लहरों से चौंक गए
सपनों की भीड़ छँटी,
निद्रालस पलकों से
मँडराते चेहरों की
व्यक्तिगत रात हटी;

धीमे हलकोरों में
नीम की टहनियों का
निर्झर स्वर मर्मर कर

ढरता है वृक्षों से
प्राणों में हर-हर-भर,
शिशुवत् तन-मन दुलार :

फूलों के गुच्छों से
मेघ-खंड रंग-भरे,
झुक आए मखमल के
खेतों पर रुक ठहरे,
पहिनाते धरती को
फुलझड़ियों के गजरे;

प्राची के सोतों से
मीठी गरमाहट के
फ़व्वारे फूट रहे,
धूप के गुलाबी रंग
पेड़ों की गीली
हरियाली पर छूट रहे,
चाँद कट पतंग-सा
दूर उस झुरमुट के
पीछे गिरता जाता...
किलकारी भर-भर खग
दौड़-दौड़ अम्बर में
किरण-डोर लूट रहे :

मैला तम चीर-फाड़
स्वर्ण-ज्योति मचल रही
डाह-भरी रजनी के
आभूषण कुचल रही,
फेंक रही इधर-इधर
लत्ते-सा अन्धकार।

वसन्त की एक लहर

वही जो कुछ सुन रहा हूँ कोकिलों में,
वही जो कुछ हो रहा तय कोपलों में,
वही जो कुछ ढूँढ़ते हम सब दिलों में,
वही जो कुछ बीत जाता है पलों में,
—बोल दो यदि...

कीच से तन-मन सरोवर के ढँके हैं,
प्यार पर कुछ बेतुके पहरे लगे हैं,
गाँठ जो प्रत्यक्ष दिखलाई न देती—
किन्तु हम को चाह भर खुलने न देती,
—खोल दो यदि...

बहुत सम्भव, चुप इन्हीं अमराइयों में
गान आ जाए,
अवांछित, डरी-सी परछाइयों में
जान आ जाए,
बहुत सम्भव है इसी उन्माद में
वह दीख जाए
जिसे हम-तुम चाह कर भी
कह न पाए :

वायु के रंगीन आँचल में
भरी अँगड़ाइयाँ बेचैन फूलों की
सतातीं—
तुम्हीं बढ़कर
एक प्याला धूप छलका दो अँधेरे हृदय में—
कि नाचे बेझिझक हर दृश्य इन मदहोश आँखों में
तुम्हारा स्पर्श मन में सिमट आए
इस तरह

ज्यों एक मीठी धूप में
कोई बहुत ही शोख चेहरा खिलखिला कर
सैकड़ों सूरजमुखी-सा
वृष्टि की हर वासना से लिपट जाए!

घर रहेंगे

घर रहेंगे, हमीं उनमें रह न पाएँगे :
समय होगा, हम अचानक बीत जाएँगे :
अनर्गल ज़िन्दगी ढोते किसी दिन हम
एक आशय तक पहुँच सहसा बहुत थक जाएँगे।

मृत्यु होगी खड़ी सम्मुख राह रोके,
हम जगेंगे यह विविधता, स्वप्न, खो के,
और चलते भीड़ में कन्धे रगड़कर हम
अचानक जा रहे होंगे कहीं सदियों अलग होके।

प्रकृति औ' पाखंड के ये घने लिपटे
बँटे, ऐंठे तार—
जिनसे कहीं गहरा, कहीं सच्चा,
मैं समझता—प्यार,
मेरी अमरता की नहीं देंगे ये दुहाई,
छीन लेगा इन्हें हमसे देह-सा संसार।

राख-सी साँझ, बुझे दिन की घिर जाएगी :
वही रोज़ संसृति का अपव्यय दुहराएगी।

हम

हम शायद वर्तमान का असली रूप नहीं :
हम कुछ अतीत हैं–
जिसका भावी स्वप्न अभी घटने वाला।
हम-तुम परिचित हैं अपने लाखों सपनों से :

हम शायद वर्तमान का असली रूप नहीं :
हम कुछ भविष्य हैं
अभी नहीं जो घटित हुआ–
जिसको अतीत ने देखा था।
हम-तुम परिचित हैं पिछले लाखों सपनों से :

हम एक इशारा हैं दो भिन्न दिशाओं में,
हम से होकर सदियों के प्रश्न गुज़रते हैं :
हम एक व्यवस्था हैं क्षण भंगुर जीवन की
जो हर क्षण को सपनों से जीवित रखते हैं!

जो सोता है

जो सोता है उसे सोने दो
वह सुखी है,
जो जगता है उसे जगने दो
उसे जगना है,
जो भोग चुके उसे भूल जाओ
वह नहीं है,
जो दुखता है उसे दुखने दो
उसे पकना है,
जो जाता है उसे जाने दो

उसे जाना है,
जो आता है उसे आने दो
वह अपना है,
जो रहा है जो रहेगा
उसे पाना है,
जो मिटता है उसे मिटने दो
वह सपना है!

परिवेश : हम तुम

प्यार के सौजन्य से

वृक्ष से लिपटी हुई क्वाँरी लताएँ,
दो नयन
मानों अपरिमित प्यास के सन्दर्भ में काली घटाएँ,
कौंधती नंगी बिजलियाँ,
उर्वरा धरती समर्पित,
सृष्टि का आभास वर्जित गर्भ में,
तुष्टि का अपयश
कलंकित मालती की दुधमुँही कलियाँ?

हज़ारों साल बूढ़े मन्दिरों
तुम चुप रहो,
आत्मीय है वह नाम जो अज्ञात–
उसको पूछने से पाप लगता,
फूल हैं उसकी खुशी की देन
उनको पोछने से दाग़ लगता!
पतित-पावन वत्सला धरती
तुम्हारे पुत्र हैं जो जन्म ले लें...

साक्षी हैं
फूलदानों में सिसकते चन्द धुँधले फूल,
कुंठित सभ्यता के किसी तोषक अर्थ में
वनजात है सौन्दर्य की भाषा!

उसे स्वच्छन्द रहने दो।
बड़े संयोग से ही यह कहानी
सुनी तारों की ज़बानी
प्यार के सौजन्य से।

तुमने देखा

तुमने देखा
कि हँसती बहारों ने?
तुमने देखा,
कि लाखों सितारों ने?

कि जैसे सुबह
धूप का एक सुनहरा बादल छा जाए,
और अनायास
दुनिया की हर चीज भा जाए :
कि जैसे सफ़ेद और लाल गुलाबों का
एक शरारती गुच्छा
चुपके से खिड़की के अन्दर झाँके
और फिर हवा से खेलने लग जाए
    शरमा के
मगर बुलाने पर
एक भीनी-सी नाजुक खुशबू
पास खड़ी हो जाए आके।

तुमने कुछ कहा,
कि जाग रही चिड़ियों ने?
तुमने कुछ कहा,

कि गीत की लड़ियों ने
तुमने सिर्फ पूछा था–
"तुम कैसे हो?"
लगा वह उलाहना था–
"तुम बड़े वैसे हो!..."
मैंने चाहा
तुमसे भी अधिक सुन्दर कुछ कहूँ,
उस विरल क्षण की अद्वितीय व्याख्या में
सदियों तक रहूँ,
लेकिन अव्यक्त
लिए मीठा-सा दर्द,
बिखर गए इधर-उधर
मोहताज शब्द...।

विदा

दो समानान्तर पटरियाँ
जो कभी भी मिल न सकतीं।
उस नियम की शृंखला में बद्ध
जिसमें हिल न सकती।
ज्यामितिक
दो सरल रेखाएँ समय-विस्तार की
जो दिल न रखतीं!

एक हाहाकार-सी
(कब से प्रतीक्षित!)
वार्तमानिक ट्रेन का आना
ठहरना

और नस-नस में समा जाना।

बोलते-से
तोतले भीगे नयन
गाढ़ी व्यथा की चुप्पियों के बीच,
बारम्बार
जैसे ढूँढ़कर अपनत्व—कोई दर्द—
अपनों को लगा लेते गले से
खींच।

जोड़े हाथ, घायल प्रार्थना में :
टूटकर मैं—
फूल मालाओं सहित गति को समर्पित।
ताश के खेले हुए पत्तों सरीखे
याद में फिंटते हुए-से
कुछ विदित चेहरे।
उमड़ती भावनाओं में बहे जाते
किनारे के हज़ारों दृश्य...

कमरे में धूप

हवा और दरवाज़ों में बहस होती रही,
दीवारें सुनती रहीं।
धूप चुपचाप एक कुरसी पर बैठी
किरणों के ऊन का स्वेटर बुनती रही।

सहसा किसी बात पर बिगड़कर
हवा ने दरवाज़े को तड़ से
एक थप्पड़ जड़ दिया!

खिड़कियाँ गरज उठीं,
अख़बार उठकर खड़ा हो गया,
किताबें मुँह बाए देखती रहीं,
पानी से भरी सुराही फर्श पर टूट पड़ी,
मेज़ के हाथ से क़लम छूट पड़ी।

धूप उठी और बिना कुछ कहे
कमरे से बाहर चली गई।

शाम को लौटी तो देखा
एक कुहराम के बाद घर में ख़ामोशी थी।
अँगड़ाई लेकर पलँग पर पड़ गई,
पड़े-पड़े कुछ सोचती रही,
सोचते-सोचते न जाने कब सो गई,
आँख खुली तो देखा सुबह हो गई।

बहार आई है

ये जंगली फूल जो हर साल
हल्ला बोलकर शहर में घुस आते हैं
और राह चलते, आते-जाते लोगों को
बेशर्मी से घूरते, फुसलाते हैं–

क्या इन्हें मालूम नहीं
कि शहरों में इसकी सख़्त मनाही है
कि कोई किसी से बिना जान-पहिचान बोले
और कहे कि देखो, बहार आई है!

सवेरे-सवेरे

कार्तिक की एक हँसमुख सुबह।
नदी-तट से लौटतीं गंगा नहा कर
सुवासित भीगी हवाएँ
सदा पावन
माँ सरीखी
अभी जैसे मन्दिरों में चढ़ाकर खुशरंग फूल
ठंड से सीत्कारती घर में घुसी हों,
और सोते देख मुझको जगाती हों–
    सिहराने रख एक अंजलि फूल हरसिंगार के,
    नर्म ठंडी उँगलियों से गाल छूकर प्यार से,
    बाल बिखरे हुए तनिक सँवार के...

कार्निस पर

कार्निस पर
एक नटखट किरण बच्चे-सी
खड़ी जँगला पकड़कर,
किलकती है–"मुझे देखो!"

साँस रोके–
बाँह फैलाए खड़ा गुलमुहर...
कब वह कूदकर आ जाए उसकी गोद में!

चकाचौंध

चमकदार, ठंडा, बरफ़-सा सवेरा

लगा, इस तरह छू गया गर्म तन से,
कि जैसे किसी सर्द ठिठुरी जगह में
लगे आइने पर किरण एक छन् से...

किरण एक
जो आग-सी बुझ न जाए,
लपककर जमे दृश्य पर फैल जाए,
कहीं प्राण बनकर, कहीं प्राणदा
इस क़दर ज़िन्दगी हो समझ में न आए!

पहाड़ी झील

जैसे डबडबाते पर्वती बादल
पहाड़ी झील के मरकत-हरे जल पर...

तुम्हारी देह के प्रति
अंगता महसूस करता हूँ–

कि उन अन्धी अतल ऊँचाइयों से फिसल
रुई की तरह
आराम से उस नर्म कुहरे पर उतर आऊँ :
और
बनकर इन्द्रधनुषी बिम्ब
चंचल डुबानों में खिलखिलाकर हँस पड़ूँ।

दो नीली आँखें

दो नीली आँखें, परदेशी,

मगर कुछ इस तरह याद हैं
जैसे अपना घर, अपना शहर,
जैसे फूल-ही-फूल दुनिया भर :
जैसे एक बड़े कमरे में किसी के जन्म-दिन पर
बच्चे, मिठाइयाँ, गुब्बारे...
और अबाध हँसी के फौआरे
किसी हँसानेवाली कहानी के बाद :
कुछ इसी तरह आज भी
दो नीली आँखें याद।

सुबह दस बजे मिलना,
दिन भर साथ-साथ रहना,
सुबह की आशा में
शाम को बिछुड़ना,
स्वप्न में वही आँखें–
कुछ इसी तरह याद है
सोना-जगना, खोना-मिलना।

उसके स्कर्ट से जूझती हुई शरारती हवा,
उसकी आँखों में एक मासूम परेशानी
कि 'ये मानती क्यों नहीं?'
मेरा केवल उन आँखों में हँसना रह-रह,
याद हैं दो नीली आँखें कुछ इसी तरह।

निश्चय।
पक्का निश्चय।
'सुनो, कल से मैं नहीं आऊँगा!'
दो उदास प्यारी आँखों का भर आना,
दो काँपते ओठों का निकट–और निकट–आते जाना
दो विह्वल बाँहों का सहसा गले से लिपट जाना,

और मेरे निश्चय का उन सब में डूब जाना :
दूसरे दिन, हर दिन, उस तरह, उसी ओर
भटक जाना :
दो खुश नीली आँखों में
एक अजीब चहल-पहल, उत्सव—
जैसे सवेरे-सवेरे नीलाकाश में
झुंड-की-झुंड चिड़ियों का कलरव...
बस, इसी तरह याद है
दो नीली आँखों का अथाह वैभव।

बसन्त आ...

फूलों के चेहरे और तथाकथित चेहरे :
दौड़कर किसी ने बाँह गर्दन में डाल दी...
छू गया बसन्त की बयार का महक-दुकूल।

ये मकान भी अजीब आदमी!
बने-ठने
तने-तने
न फूल हैं न पत्तियाँ :
बेज़बान मुँह असंख्य
खिड़कियाँ खुली हुई पुकारतीं—
'बस अन्त आ, बस अन्त आ!'

धूल उड़ रही उधर
जिधर तमाम भीड़ से लदी-फँदी सवारियाँ
गुज़र रहीं,
उधर नहीं...

तू उसी प्रसूनयुत छबीलकुंज मार्ग से
    बसन्त आ।

समीप से सुगन्धि-रथ गुज़र गए :
मन उचाट इस तरह
कि हम अतिथि शुभागमन भुला गए!
यह बहार
एक ज्वार फूल फिर उलीचकर चली गई,
कोकिला-कंठ से पुकारती–
'बसन्त
आ गया।
बसन्त आ गया :
बसन्त आ,
गया...!'

लकड़ी का टूटा पुल

उस लकड़ी के टूटे पुल पर
इस तरह पड़ रही धूप-छाँह
जैसे कोई प्यासा चीता
झरने में अगले पँजे रख पानी पीता!

छरहरा पवन
हिरनों-सा भाग रहा चौतरफ़ा डरा-डरा
मानों हिंसक जानवर नहीं,
मीलों तक उनका डर
उनका पीछा करता।

एक चित्र : दो पट

रात का निस्तब्ध छाया-वन
न-कुछ-सा नदी-तट पर वृक्ष
जैसे एक मुट्ठी-भर अँधेरा,
पास ही सिर डालकर सोई हुई-सी नदी
गाढ़े कोहरे को ओढ़कर चुपचाप–
(जैसे किसी फोटोग्राफ़ का धुँधला नेगेटिव।)

सुबह सब कुछ पुनः आभा सित,
समूचा दृश्य तीखी रोशनी में
जी उठे चलचित्र-सा रंगीन–
चंचल पल्लवों में किरण-कोलाहल,
हज़ारों पंछियों का बसा पूरा शहर!
बरगद का पुराना पेड़,
सरयू तीर...

लू में गुलमुहर के फूल

एक छींटा प्यास,
एक मुट्टी आस
ओढ़ कर मिट्टी बनी आकाश :
लू अनुकूल,
        खिलते गुलमुहर के फूल।

रास्ते सुनसान,
धूप से हैरान
आदमी लगता सिड़ी-हैवान :

उड़ती धूल,
        खिलते गुलमुहर के फूल।

आग की बौछार,
फूलते अंगार,
बेहया हो खिलखिलाता प्यार :
जलना भूल,
        खिलते गुलमुहर के फूल।

ओंठ मीठे लाल,
तमतमाते गाल,
यह दुपहरी और ऐसे हाल!
बनकर शूल,
        खिलते गुलमुहर के फूल।

एक पहाड़ी शाम

अपूर्ण दिन और अधूरे काम,
पाप के पश्चात् पश्चाताप-सी यह शाम।
एक दुखता राग, तम से पूर्व,
मिटती रोशनी में छलक आता,
        छटपटाता,
        पेड़-पेड़...ज़ख्म-ज़ख्म...
        किसी अन्धी कन्दरा में समा जाता।
        सुलभ नहीं।
        केवल परेशान।

भूख से जैसे बिलखता हुआ बालक

सिरहाने रक्खे दीये की रोशनी में
अभी थककर सो गया हो—
सो गया वह एक छोटा-सा पहाड़ी ग्राम।
केवल जागती हैं
प्यार करती-सी हवाएँ
दौड़कर जो लिपट जाती हैं गले से,
और पथरीले पथों पर बड़बड़ाती हुई पागल नदी
ले-लेकर किसी का नाम।

हम साथ हैं

विश्वास रक्खो।
मैं तुम्हारे साथ हूँ।
उस तम-विवश उम्मीद में
जो रोशनी को प्यार करती है।
उस गति-विवश विश्वास में प्रतिक्षण
कि ये राहें कहीं पहुँचा रही हैं!
मैं तुम्हारे साथ हूँ।

क्यों चाहते हो समर्पित कर दूँ तुम्हें
वह मुक्ति भी—
        जो तुम नहीं हो।
        हम नहीं हैं।
        —सिर्फ मैं हूँ।

एक उल्कापात पथ-विच्युत,
अँधेरे दायरे को नोचता आलोक
जो बुझ जाएगा,

भूखंड—जिसका चौंकता भूकम्प
मुझको तोड़ जाएगा,
छलकता मोह पारावार—
जो मुझको डुबाकर,
रेत के टीले सरीखा छोड़ जाएगा :
प्रसारित श:व—

हज़ारों ठोकरों के बीच में फेंकी हुई मिट्टी
वह अनुभूति—वह अपमान!—
औ' वह अस्वीकृत अभिमान—
जो मैं हूँ...उसे क्यों चाहते हो?

मैं तुम्हारे साथ हूँ
उस स्वप्न में
        जो तुम्हारा है।
        हमारा है।
सिर्फ मेरा नहीं!

अवधियों मुझसे हटे नक्षत्र-वंशी लोग—
अपनी दृष्टि के विस्तार में हम साथ हैं :
विश्वास रखो...

घबराहट

आसमान चट्टान-सा बोझिल,
जगह-जगह रोशनी के बिल,
और एक धड़कता हुआ छोटा-सा दिल...

फ़र्श पर ख़ून के ताज़े निशान।
खिड़की पर मुँह रखकर झाँक रहा बियाबान।
आँखों पर पड़ी हुई अँधेरे की सिल्लियाँ।
बाहर बरामदे में लड़ती हुई बिल्लियाँ।

पूर्व से हवा का एक तेज़ झोंका।
सहमा हुआ आस-पास चौंका।
हवा घर से होकर कुछ इस तरह निकली
गोया कि पूरे मकान ने एक गहरी साँस ली।

साँपों की तरह काले बादल छाने लगे,
तारों को बीनकर खाने लगे।

बिजली की एक चमक
फिर एक धमक
इतनी भयानक
जैसे मीलों तक
बादल नहीं शीशे का एक समुद्र लटका हो
जो किसी पहाड़ से टकराकर अभी-अभी चिटका हो।
बेतहाशा चारों ओर
पानी गिरने का शोर।
एकाएक मुझे कुछ ऐसा एहसास हुआ
जैसे किसी ने आहिस्ता से साँकल को छुआ :
और एक अपरिचित आवाज़ ने पुकारा...
मैं चुप रहा।
दुबारा।
तिबारा।
एक अज्ञात भय यह कहता रहा कि दरवाज़ा न खोलूँ :
इसी में खैरियत है कि चुप रहूँ—न बोलूँ।
क्या पता आदमी ऊपर से ठीक-ठाक हो

लेकिन अन्दर से भेड़िए-सा ख़तरनाक हो!

मैं दम साधे पड़ा रहा :
आगन्तुक पानी में खड़ा रहा।
मैं चाहता था वह हार कर चला जाए :
दरवाज़े से किसी तरह आई हुई बला जाए!

अब बिलकुल शान्ति थी।
लेकिन, मन में एक अजीब क्रान्ति थी!
आदमी के वेश में जानवर
इससे ज्यादा घातक—यह डर!!

सारी परिस्थिति की एक और भी सूरत थी—
शायद उस आदमी को मदद की ज़रूरत थी।

एक स्थापना

आज नहीं,
अपने वर्षों बाद शायद पा सकूँ
वह विशेष संवेदना जिसमें उचित हूँ।
मुझे सोचता हुआ कोई इनसान,
मुझे प्यार करती हुई कोई स्त्री,
जब मुझे समझेंगे—ताना नहीं देंगे;
जब मैं उन्हें नहीं वे मुझे पाएँगे,
तब मुझे जीवन मिलेगा...
तब तक अपरिचित हूँ।

जब मैं नहीं

यह सब जो लिख रहा हूँ–
होगा–साक्षी–
कि मैंने जीने का प्रयत्न किया,
अजीब लोगों के बीच
जो मुझे अजीब समझते रहे,
लांछित और अपमानित लोग
जो मुझे ग़रीब समझते रहे,
मैंने अनष्ट रखा
अपने को पाया, सिद्ध किया और दे गया।
जब मैं नहीं
मेरी ओर से कोई स्थापित करेगा मेरे वर्षों बाद
कि आज भी कहीं जीवन था–
क्योंकि केवल पहियों और पंखों वाली इस बे-सिर-पैर की सभ्यता में
दफ़्तरों, दूकानों और कारखानों से
        अस्वीकृत होकर भी
        मैंने जीना पसन्द किया!

आत्मजयी (खण्ड-काव्य) के कुछ अंश

वाजश्रवा

(अत्र उशन्ह वै वाजश्रवसः सर्ववेदसं ददौ।
तस्य ह नचिकेता नाम पुत्र आस।)

पिता, तुम भविष्य के अधिकारी नहीं,
क्योंकि तुम 'अपने' हित के आगे नहीं सोच पा रहे,
न अपने 'हित' को ही अपने सुख के आगे।
तुम वर्तगान को संज्ञा तो देते हो, पर महत्त्व नहीं।
तुम्हारे पास जो है, उसे ही बार-बार पाते हो
और सिद्ध नहीं कर पाते कि उसने
तुम्हें सन्तुष्ट किया।
इसीलिए तुम्हारी देन से तुम्हारी ही तरह
फिर पानेवाला तृप्त नहीं होता,
तुम्हारे पास जो है, उससे और अधिक चाहता है,
विश्वास नहीं करता कि तुम इतना ही दे सकते हो।

पिता, तुम भविष्य के अधिकारी नहीं, क्योंकि
तुम्हारा वर्तमान जिस दिशा में मुड़ता है
वहाँ कहीं एक भयानक शत्रु है जो तुम्हें मारकर
तुम्हारे संचयों को मार्ग में ही लूट लेता है,
और तुम ख़ाली हाथ लोट आते हो।

वह जो शाप से डाकू किन्तु जन्म से राजा है,
उसका उद्दंड सवाल—"भविष्य चाहिए : ये अधमरी गायें
नहीं!"

और तुम हमारी ओर—हम जो अभी आनेवाले हैं—
सन्देह से देखते हो अपना संचय
छोड़ जाने से पहले, क्योंकि हम उसे
तुम्हारे अनुकरण से बृहत्तर कोई विशिष्टता देना चाहते हैं।

तुम भी एक प्राणी हो
सबकी तरह समय के बने
जिसे सिंहासन एक भूमिका देता है,
मुकुट एक शीर्षक,
सेना एक कर्त्तव्य,
स्वरक्षा एक धर्म,
सभासद एक दायित्व...
पर ये सब तुम्हें इस तरह हर लेते हैं
कि तुम्हें पहचानना कठिन हो जाता है।

कभी तुम्हें विशाल सेना के मध्य रण करते,
कभी आखेट करते,
कभी न्यायाधीश पद से मुखरित,
कभी अन्तःपुर में विलास करते
...एक साथ देखता हूँ
और लगता है कि हर जगह तुम अतिरंजित हो,
इसलिए अवास्तविक।
तुम हर जगह भूख-प्यासवाले साधारण प्राणी हो
जिसके मुकुट और सिंहासन पर
सूर्य की किरणें इस तरह पड़ रही हैं
कि तुम दिव्य दिखते हो...पर यह सारी शोभा
सूर्यास्त होते ही बिलख उठेगी।

एक साँप उस मुकुट में छिपा है—
दोनों को अपने से दूर फेंक दो।

तुम्हारे सिंहासन के पीछे अभी-अभी
एक तीर की नोक चमकी थी।
रनिवास में यह असमय विलाप कैसा?
मनहूस काली आकृतियाँ खम्भों से लगी हुई...
—यह सब क्या मेरा भ्रम है? या
इन्हें न देख पाना तुम्हारा?
रहस्यमय कानाफूसियाँ,
पेचीदा मन्त्र-जाप? या गुप्त मन्त्रणाएँ?
यह दान? या अज्ञात वधिकों से कोई अशुभ समझौता?
पिता,
ये सब कैसे संकेत हैं जो आश्वस्त नहीं करते—
ये कैसी स्तुतियाँ हैं जिनसे
पाखंड की गन्ध आती है?

ग़लत जीने से
सही बातें ग़लत हो जाती हैं।—
सच्चाइयाँ झूठ लगतीं,
अच्छाइयाँ गुनाह,
धर्म पाप हो जाता,
ईश्वर आततायी,
प्यार रोग बन जाता,
लोग भयावह...

यह भी सम्भव है कि एक पशु दूसरे को खा जाए।
यह भी सम्भव है कि एक मनुष्य...।
अस्तित्व एक घातक तर्क भी हो सकता है।
एक पाशविक भावना भी—इस तरह
कि युद्ध और कलह ज़रूरी लगे,
स्वार्थ और छल से जीना मजबूरी लगे।
यदि यथार्थ है मृत्यु भी

तो मृत्यु ही यथार्थ हो जा सकती है
इस तरह कि वह जीवन पर छा जाए—
एक सम्भावना से बढ़कर आवश्यकता बन जाए
और हम उसे रोज़ के व्यवहार में बोलें, दिखाएँ, फैलाएँ...।
एक स्तर पर
विद्वेष, क्रूरता, हिंसा, बेईमानी
सब कुछ इतना सम्भव है कि स्वाभाविक लगे,—
और उसी स्तर पर हममें से हर एक जी सकता है
पागलों की तरह
एक-दूसरे से त्रस्त, पीड़ित और अपमानित।

तुम्हारे इरादों में हिंसा,
खंग पर रक्त।—
तुम्हारे इच्छा करते ही हत्या होती है!
तुम समृद्ध होगे
लेकिन उससे पहले
समझाओ मुझे अपने कल्याण का आधार
ये निरीह आहुतियाँ। यह रक्त। यह हिंसा
ये अबोध तड़पनें। बीमार गायों-सा जन-समूह।

"मेरी आस्था को बल दो"—कहते ही
तुम्हारा हाथ ऊपर उठता है—एक वध और,
यह अन्तिम है। इसके बाद वरदान...
मेरी आस्था काँप उठती है।
मैं उसे वापस लेता हूँ।
नहीं चाहिए तुम्हारा यह आश्वासन
जो केवल हिंसा से अपने को सिद्ध कर सकता है।
नहीं चाहिए वह विश्वास, जिसकी चरम परिणति हत्या हो।
मैं अपनी अनास्था में अधिक सहिष्णु हूँ।
अपनी नास्तिकता में अधिक धार्मिक।

अपने अकेलेपन में अधिक मुक्त।
अपनी उदासी में अधिक उदार।

नचिकेता

(तँ ह कुमारँ् सन्तं दक्षिणासु नीयमानासु
श्रद्धाविवेश सोऽमन्यत ॥)

असहमति को अवसर दो। सहिष्णुता को आचरण दो
कि बुद्धि सिर ऊँचा रख सके...
उसे हताश मत करो काइयाँ तर्कों से हरा-हराकर।
अविनय को स्थापित मत करो,
उपेक्षा से खिन्न न हो जाए कहीं
मनुष्य की साहसिकता।
अमूल्य थाती है यह सबकी,
इसे स्वर्ग के लालच में छीन लेने का
किसी को अधिकार नहीं...
आह, तुम नहीं समझते पिता, नहीं समझना चाह रहे,
कि एक-एक शील पाने के लिए
कितनी महान आत्माओं ने कितना कष्ट सहा है...
सत्य, जिसे हम सब इतनी आसानी से
अपनी-अपनी तरफ़ मान लेते हैं, सदैव
विद्रोही-सा रहा है।

तुम्हारी दृष्टि में मैं विद्रोही हूँ
क्योंकि मेरे सवाल तुम्हारी मान्यताओं का उल्लंघन करते हैं
नया जीवन-बोध सन्तुष्ट नहीं होता
ऐसे जवाबों से जिसका सम्बन्ध
आज से नहीं अतीत से है।

तर्क से नहीं रीति से है।

यह सब धर्म नहीं–धर्म सामग्री का प्रदर्शन है।
अन्न, घृत, पशु, पुरोहित, मैं...
शायद इस निष्ठा में हर सवाल बाधा है
जिसमें मनुष्य नहीं अदृश्य का साझा है।
तुम सब चतुर और चमत्कारी।
बहुमत यही है–ऐसा ही सब करते–
कितनी शक्ति है इस स्थिति में
जिससे भिन्न सोचते ही
मैं विधर्मी हो जाता हूँ–
किसी बहुत बड़ी संख्या से घटा दिया जाता हूँ
इस तरह
कि शेष समर्थ बना रहता ग़लत भी,
एक सही भी, अनर्थ हो जाता है!

सामूहिक अनुष्ठानों के समवेत मन्त्र-घोष
शंख-स्वरों पर यन्त्रवत् हिलते नर-मुंड आँखें मूँद...
इनमें व्यक्तिगत अनिष्ठा
एक अनहोनी बात
जिसके अविश्वास से
मन्त्र झेंपते हैं, देवता मुकर जाते, वरदान भ्रष्ट होते।
तुम जिनसे माँगते हो
मुझे उनकी माँगों से डर लगता है।
इस समझौते और लेन-देन में कहीं
व्यक्ति के अधिकार नष्ट होते...
अँधेरे में–"जागते रहो"–अभ्यस्त आवाज़ों से
सचेत करते पहरेदार। नैतिक आदेशों के
पालतू मुहावरे सोते-जागते कानों में : साथ ही
एक अलग व्यापार ईमान के चोर-दरवाज़ों से।

मनुष्य स्वर्ग के लालच में
अक्सर उस विवेक तक की बलि दे देता
जिस पर निर्भर करता
जीवन का वरदान लगना।

मैं जिन परिस्थितियों में ज़िन्दा हूँ
उन्हें समझना चाहता हूँ--वे उतनी ही नहीं
जितनी संसार और स्वर्ग की कल्पना से बनती हैं
क्योंकि व्यक्ति मरता है
और अपनी मृत्यु में वह बिलकुल अकेला है,
विवश
असान्त्वनीय।

एक नग्नता है निःसंकोच
खुले आकाश की
शरीर की अपेक्षा।
शरीर हवा में उड़ते वस्त्र आसपास;
मैं किसी आदिम निर्जनता का असभ्य एकान्त
जितना ढँका उससे कहीं अधिक अनावृत...
घातक, अश्लील सचाइयाँ
जिन्हें सब छिपाते
पर जिनसे छिप नहीं पाते।
इन्द्रासन का लोभ,
प्रत्येक जीवन,
मानो किसी असफल षड्यन्त्र के बाद
पूरे संसार की निर्मम हत्या है।

एक आत्मीय सम्बोधन—तुम्हारा नाम,
स्मृति-खंडों के बीच झलकता चितकबरा प्रकाश।
एक हँसी बन्द दरवाज़ों को खटखटाती। सुबह

किसी बच्चे की किलकारी से तुम जागे हो, पर
आँखें नहीं खोलते। उसके उत्पात ने तुम्हें विभोर
कर दिया है : पर, नया दिन, आलस्य की करवटों से
टटोलते–तुम नहीं देखते कि यह दूसरा दिन है,
और वह बालक जिसने तुम्हें जगाया, अब बालक नहीं।
प्यार अब पर्याप्त नहीं।
न जाने कितनी वृत्तियों में उग आया, वह
तुम्हारा विश्वबोध और अपना।
भिन्न, प्रतिवादी, अपूर्व...
अब उसे स्वीकारते तुम झिझकते हो,
उसे स्थान देते पराजित,
उसे उत्तर देते लज्जित...

नचिकेता का विषाद

उस रात विचित्र स्वप्न देखा नचिकेता ने...

कोई अजीब-सा मन्त्र जाप पूरा करके,
नवजात एक शिशु को समुद्र में फेंक दिया
अज्ञानी किसी पिता ने।
वह बालक बहता रहा आयु के सागर पर।

सहसा उस शिशु को बोध हुआ
वह युवक–भयानक प्रलय बाद–
तैरता अँधेरे तूफ़ानी जल पर हताश।
आक्षितिज खौलता-सा रक्तिम सागर उजाड़,
पाँवों में सागर बँधा हुआ,
बाँहों में लहरों के पहाड़...

संघर्ष—न जिसका आदि-अन्त,
प्रारब्ध—न जिसका आर-पार...

सहसा आशा की एक किरण...।

प्लावनकारी जल का आतंक फोड़ता-सा
बाहर निकला कुछ दूरी पर
छोटा-सा द्वीप—गरजती लहरों से लड़ता।
तट पर दीखा नचिकेता को
कोई टूटा-फूटा मन्दिर,
अन्दर प्रतिमा-सी दिव्य
—एक तारा जैसे अँधियारे में
देता प्रकाश धीमा-धीमा।

पा नई शक्ति
नचिकेता बरबस बढ़ा उधर,
लेकिन उससे भी तेज़ी से जल बढ़ता था।
प्रतिमा से आती रही किन्तु
वह क्षीण किरण
प्रतिक्षण
मानो भय बीच विसंगत करुणा से
रेखांकित करती हुई मरण!
नीले जल पर काँपती रही
उसकी लथपथ पीली छाया,
पर उसी एक इंगित से मानो बँधा हुआ
नचिकेता मन्दिर के नीचे तक बह आया।

सामने एक गूँगा प्रतीक
निर्वाक् शिला—वह मूर्ति अचल,
असमर्थ रहस्य—चिह्न केवल—

नीचे पूर्ववत् लहराता था प्रलयंकर जल।

सीढ़ी-सीढ़ी जल से बचता,
देवता-मूर्ति की ओर डरा
नचिकेता ऊपर बढ़ता था...
पीछे-पीछे हत्यारे पशु-सा दबे पाँव
जल चढ़ता था।
अन्तिम सीढ़ी! कोई न दूसरी राह देख,
घबराकर वह उस देव मूर्ति से लिपट गया।
प्रार्थना : एक युग उसी तरह
शायद संशय में बीत गया :
देवता और विश्वास एक हो गए, किन्तु
वह भ्रम भी आखिर रीत गया...

जल उन्हें डुबाता और बढ़ा,
फूलता
क्रुद्ध साँसें लेता,
दोनों को अपने जबड़ों में भींचे लेता...
व्याकुल होकर
सुध-बुध-विहीन
रख पाँव मूर्ति के कन्धों पर
हो गया खड़ा फिर नचिकेता!
सहमा-सहमा
बिलकुल निराश
वह पल भय से भी आगे का...
दमघोट भयानक सपनों से भी कहीं कठिन
तम के यथार्थ में जागे का!

खोखला दर्द,
गहरा विराग,

बस, 'होने' भर का थका ज्ञान।
अनुभूतिहीन
वह उतरे हुए नशे-सा जीवन बियाबान।
ऊपर निर्हेतुक सूनापन पागल करता,
नीचे से उठता हुआ सिन्धु,
अपने विश्वासों के कन्धों पर खड़ा हुआ
जीवन का एक हताश बिन्दु।
चेतना-केन्द्र, चिन्तित मनुष्य
भयभीत अधर में टँगा हुआ,
अस्तित्व–मरण के अधरों से
कुछ बचा हुआ कुछ लगा हुआ...
वह चरम बोध का स्वावलम्बी अद्भुत क्षण–
तम में आकुल
सन्नाटे में स्पन्दित
ऊर्जस्वी जीवन-कण।
सब कुछ असृष्ट,
सब कुछ प्रतीक्ष–सन्दर्भहीन,
सम्पूर्ण परिस्थिति एक चेतना से विकीर्ण,
आद्यन्त–
अपरिमित–
तहस-नहस संसार विलय,
आश्रित बस एक चेतना पर विस्तार समय।

वह मानो किसी आदि कारण का सृष्टि-बीज
अकुलाता गूढ़ अँधेरों में,
भवितव्य-विकल तेजस् तारा
घूमता चमकते घेरों में...

देर तक हवाएँ उसके निजत्व से खेलती रहीं,
उसके अकेलेपन से बोलती रहीं,

उसके आस-पास डोलती रहीं।
आते-जाते लोग आते-जाते रहे,
न जाने किन अस्पष्ट संकेतों से बुलाते रहे
कि मन केवल उदास होता गया।
लगता था किसी भविष्य की कमी है
अन्यथा वह सब जी उठता
जो केवल था। एक पथ-भ्रष्ट समारोह
किसी महानतम अवसर की प्रतीक्षा में—
उदास कि वह शायद कभी न आए!
आसान और सम्मानित जीवन जिया।
फिर क्यों इतना खेद? मानो पाप किया!

सोई घाटियों की भीतरी अशान्ति,
पंछियों की उनींदी अथाह बोलियाँ—
अकस्मात् गहराइयों से छूटकर
सतह पर तैर आते बुदबुदों-सी।
तारे मन मारे
सहस्रों सन्दर्भों में
एक-एक भाव का नीरव विन्यास,
समझ नहीं पाते हैं बेचारे...

जागते
रात और रात हुई,
तारे और तारे।
गुप्तचर चेहरे
हज़ारों की ख़ाली निगाहों से
झाँककर लौट गए।
रिक्त वह
नागपाश नींद की लपेटों में बँधा हुआ
बूढ़े जलाशय की अटपट कथाओं में जिया किया,

महलों में निर्वासित राज किया।

सीमान्त तक चक्करदार प्राचीरें,
वेष्टित उनमें सूत-सूत जागीरें।
पिरोई आँखें सदियों से रोतीं नकली आँसू,
कहीं गहराइयों में बन्द असली मोती
हँसते धीरे-धीरे।
संकुचित—और संकुचित होती गई
वे दीवारें, जो जन्म के समय अनन्त थीं

अन्ततः भूगर्भ का जघन्य सन्नाटा,
साँप की तरह लोटती जड़ें
अतुल धन-राशि से नीली लाश तक
मृत्यु की अतिदर्शी आँखें बचाकर।
भोगकर फेंका हुआ शरीर—
बीजों का छिलका,
नमी सोखकर फूलता
और फूलकर बिलकुल सूख जाता।

एक आँख और कई भुजाओंवाली चतुर माया
उसे कुछ पूछने नहीं देती :
किसी आकर्षक जन्तु की तरह रोज़
उसे अपने पँजों में कसती
और चूसकर छोड़ देती।

उसकी निरपराध आँखों के अवसान में प्रति दिन
एक सूर्य की बलि दी जाती,
और वह उस व्यर्थ वेदना की
छटपटाती पराकाष्ठा से गुज़रता—
बिना अस्त हुए

बिना शान्ति पाए।
एक अन्तिम साँझ अभी शेष है
साक्षी उन दिनों की जिन्हें उसने
किसी तरह जीवित रखा
निरन्तर सींचकर आत्मा के रक्त से!
समिधा में किरणों की चमचमाती बर्छियाँ
उसे सैकड़ों निरीह टुकड़ों में काटकर
स्वाहा कर देती हैं...
किन्तु वह मरता नहीं,
गृहीत होकर
अतल जल के धधकते हुए दीर्घ सायंकाल में
असंख्य मछलियाँ बन जाता है—
और वध किया हुआ सूर्य डूबकर
पुनः उसकी ही दुनिया में उदय होता है।

किसे पाऊँ? सभी खंडित, सभी मोहित,
मन्त्र के वश
खिलौनों-से चल रहे हैं—
सिर्फ़ चलने की थकन से
विफलता को छल रहे हैं।

कहाँ जाऊँ?
हर दिशा में
मृत्यु से भी बहुत आगे की
अपरिमित दूरियाँ हैं।
किसे अपनाऊँ
कि अपनी निराशाओं का पार पाऊँ।
कहाँ है वह बाँह, वह विश्वास जीवन-सिद्ध,
जो मुझ भटकते को ग्रहण कर ले
और मृतकों को सहस्रों पर्त गहरी
जर्ज़रित इस सभ्यता के पार पहुँचा दे?

अतीत-बोध

(अनुपश्य यथा पूर्वे)

ये खँडहरों से ढँके साम्राज्य।
ये ईंटों की दरारों से झाँकते सम्राट।
ये लुढ़के पड़े ढीले खम्भे
कि समय की सत्ता के अखंड कोदंड?
ये हवाओं में उड़े जाते
किसी के रूप के सन्दर्भ।
ये दुर्द्धर्ष शीश कबन्ध चिल्लाते।
खनकते कवच-कुंडल।
रौंदते अभियान-पथ को अश्व-आरोही।
कहीं नेपथ्य में हलचल
तुमुल आकांक्षाओं के...
क्षितिज के तनिक ऊपर तीर, भाले, धूल...

कैसा खेल लगता
जीत लूँ चाहूँ
अभी वह अंश—वह कोना
जहाँ ये सब गए हैं
रास्ता करते हज़ारों बार
हाहाकार, जय-जयकार, करती भीड़ से।

वे जो थे,
और हज़ारों तरह थे,
और जो बराबर होते रहे,
लेकिन जो होने के अलावा
और कुछ नहीं थे...उनकी भी मृत्यु है
जिन्हें क्षणों की तरह जोड़-जोड़कर

अथाह समय बीता है।
उन्हीं की तरह यह सब जो है
तब भी था जब वे सब थे
जो मरे या मारे गए।
आज भी वही सब
उतनी ही समाप्तियों के बाद
या उतने ही आरम्भों के पहले।
हम भी उसी तरह तत्पर-कर्मरत–
मानो कभी समाप्त न होंगे
ये सामयिक वार्तालाप।
एक-दूसरे से बोलने की कोशिश में
असंख्य आवाज़ें एक-दूसरे को पीती हुई–
बेशर्म ज़रूरतें एक-दूसरे से रीती हुई–

सहसा, सब कुछ शान्त
मानो किसी गहरे आघात के उपरान्त!
शान्ति एक
जैसे युद्धों के बाद का विवेक...

स्मारकों की भाषा में
वे कुछ कह रहे।
केवल स्मृतियों में जीवित,
युगों की थकान से पस्त,
दीवारों पर फटी दरारें
या फूटी क़िस्मतों की अभागी हस्त-रेखाएँ?
डूबते हुए कुम्हलाए सूरज की तरह
इनमें एक अनुभव है पर ख़ुशी नहीं।
ये स्मारक
अपनी बृहत्तर आयु में मानो
एक नहीं कई एक मौतों का कठिन दर्द सह रहे।

स्मारक?
या संक्षिप्त शब्दों में सार-संकेत?
मार्मिक पंक्तियों के बीच डोलते
शताब्दियों के खोखले प्रेत?
एक और वर्तमान—
एक और संयोग—तत्काल हम फिर
ठीक अपनी समझ के बल
अपने स्वार्थों में नाक तक गड़े हुए लोग।
दुर्भाग्य
कि मैंने वह समझना चाहा जो मैंने जिया।
अस्थाई कामनाओं के ठोस सबूत छोड़ जाने के बजाय
अपनी असारता पर
कुछ इस तरह आश्चर्य किया
मानो जीवन-मृत्यु के पहले का वबाल हो :
मरी हुई चीजों में समाकर केवल
आत्मा के निकल जाने का सवाल हो।

पत्थरों में टीसती बेचैन चुप्पियाँ।
दिशाओं को टटोलती पटी हुई दृष्टियाँ
धधकती रात।
बिलकुल पास से गुज़रता
भस्म हवा का एक झोंका
दीवारों के आर-पार—निश्चिन्त
कि वहाँ कोई नहीं :
आश्चर्य—मेरा वहाँ होना,
मुझमें उन्हीं इच्छाओं का होना
जो अन्धी हैं—सोई नहीं!

लौटती मुझमें ये स्मृतियाँ
अपनों की—अपनी ही

...वहाँ कोई नहीं।
अब केवल दुखती है
उन ऊबड़-खाबड़ आकृतियों की तितर-बितर
जिनकी असंख्या में
ये आँखें ऊबीं भर—खोई नहीं।

मैं जिनका भविष्य
और समय अपने बिन उनका था।
आज नहीं। आज सिर्फ़
एक हठी प्रश्न मात्र
व्यथा-अन्ध चिल्लाता
वादी-प्रतिवादी सन्नाटों के
आरपार—अभ्यन्तर—"कोई नहीं? कोई नहीं?"
वह हो, या वे सब हों।
यह हो, या ये सब हों।
लाखों यत्न मेरे हैं : मेरे प्रयत्न
और मुझको ही घेरे हैं।
इस घेरे के बाहर—कोई नहीं।

यम

(वक्ता चास्य त्वादृगन्यो न लभ्यो...)

यह कैसी खंडित छाया
मेरे साथ-साथ चलती है?
ये आँखें हैं या अग्नि-कुंड?
या आधी रात कछारों पर
दो साथ चिताएँ जलती हैं?

यह किसके चलने की आहट
आगे-पीछे, दाएँ-बाएँ...आती-जाती?
किसकी छाया के पड़ते ही
हर चीज़ तुरत कुम्हला जाती?

अपशकुन।
घसिटते हुए पैर।
पाँवों में घावों के निशान।[1]
यह लुँज-पुँज आकृति जैसे
अधमरा साँप लोहूलुहान।

यह संशय—पशु है? या मनुष्य?
या इसमें केवल ज़हर भरा?
वह स्वयं मृत्यु है?[2]
अथवा मृत?—
या दोनों का अनुभव गहरा?

वे हाथ नहीं
हत्या के निर्मम यन्त्र मात्र—केवल प्रहार।
दो वधिक इशारे
जीवन की गरदन के ऊपर बार-बार।

क्या वन की हरियाली पर यह
सन्ध्या का ताज़ा रक्त

---

1. पुराणों में एक कथा इस प्रकार है कि एक बार यम ने क्रोध में अपने पिता की दासी, छाया पर पद-प्रहार किया जिससे क्षुब्ध उसने यम को शाप दिया कि उनके पाँवों में फोड़े हो जाएँ। बाद में पिता के अनुरोध से यम शापमुक्त हुए। यम का नाम, इसीलिए, कहीं-कहीं 'शीर्ण-पाद' भी मिलता है।
2. यम को प्रथम मृतक भी माना गया है, जिसका अनुसरण करने के लिए हर प्राणी बाध्य है।

लाल अंशुक-सा मुझको दिखता है?—
या किसी महादानव का शव है हरा-हरा
जो नहीं जलाए जलता है?[3]

तप रहा अँधेरा बिना ज्योति।
यह किसकी गर्म साँस
लपटों-सी झुलसाती?
लगता है
दैत्याकार जी उठा यह जंगल;
मुझको घेरे यह

अम्बर को विस्फार, पार तारों के
रीता हुआ समय,
यह समय नहीं—साकार एक बीतापन,
अपरम्पार प्रलय...

ऐसा तो नहीं कहीं यह सब
मेरे ही मन में छिपा चोर
मेरा भय हो?
कोई विषाक्त मानसिक रोग—
कोई कीड़ा जो मुझमें था
बढ़ कई गुना
अब विषम परिस्थितियों में बाहर निकला हो?
अपना विकार
जिसको मैंने ही उगला हो?
पागलपन में अपने ही को दे डाला हो
कोई विनाश का कठिन शाप...,
मानव होकर मानव के ही विरुद्ध मैंने

---

३. यम का शरीर हरा और वस्त्र लाल माना गया है।

कर डाला हो कोई जघन्य अक्षम्य पाप,
यह मृत्यु–मूर्ति–
साक्षात् मृत्यु–
समवेत मृत्यु–
                जीवित ही द्वारा निर्मित हो
                जीवन को खा जानेवाली?

यह बुद्धि–
कल्पना–
शक्ति–
                हमारी ही
हम पर ही आफत बन आनेवाली?
पर, नहीं :
क्रूर ही नहीं
दिव्यता भी है इसमें।
कहीं-कहीं करुणा भी... और वेदना भी...

वे ओठ हिले
मानो कुछ कहना चाह रहे,
पर बोल न पाते हैं सहसा, निःशब्द
बोलते लगते–से।
ठहरी आँखों में कभी-कभी
गति के आभास छलक आते :
निश्चेष्ट पुतलियों के वीरान हाशियों में
डरते-डरते
जीवन के चिह्न झलक जाते।

वे शब्द नहीं–केवल प्रयास।
भाषा की केवल गूँज मात्र।
कुछ अर्थ

शब्द-सीमाओं से बाहर के भी
पहुँचाने का निष्फल प्रयत्न।
नर-मुंड एक सर्वज्ञाता
कुछ बतलाता!

मानो शताब्दियाँ बीती हों
जिस मुँह को केवल चुप रहते–
पाषाण-मूर्ति
केवल निरीह जीवन की
प्रतिक्षण बलि लेते,–
सहसा विचलित हो उठे। लगा ऐसा मानो
उस काई-जमी शिला ने
अपने जकड़े मुँह को खोला हो :
कल्पों का गहरा मौन तोड़ उस पल
अस्ताचल बोला हो...
मानो
सहसा आक्षितिज कड़ककर
बिजली ने छू लिए प्राण...।
खड़का ढीले दर्पण-सा–
डरकर समा गया
प्राणों में चिटका आसमान!

लगता था मानो कहीं काल
विपरीत मन्त्र पढ़ता जिससे
पृथ्वी अपना मुँह खोल-खोल
मुर्दों को उगले देती थी,
ख़ाली जगहों में बढ़-बढ़कर
ज़िन्दों को निगले लेती थी!

"मैं महाकाल–संहार रूप–

मैं महासमर
युग-युग से चलते युद्धों का
प्राथमिक और प्रतिशोध रूप
मन की अशान्ति,
क्रूरता,
ध्वंस...
मेरे असंख्य अवतारों को
प्रत्येक इकाई के अन्दर
दो बीच
और बहुतायत से
देखा तो होगा, नचिकेता?

लेकिन मैं केवल घात नहीं;
वह तो जीवन ही से पैदा
कोई जीवन-नाशक विकार!
प्रत्येक पुराने पर विराभ,
मैं प्रारम्भिक रचना-क्रम भी...

प्राकृतिक शक्तियाँ वश में हों—
ऐसी भी शक्तियाँ मनुष्य में हों।
देवता प्रसन्न हों यज्ञ-भाग से,
मनुष्य की भक्ति और अनुराग से...

शक्तिशाली प्रकृति मेरे अनुकूल हो—मनुष्य कहता—
मुझे समृद्धि चाहिए—
वंश की वृद्धि चाहिए—
यश, प्रसिद्धि चाहिए—
स्वर्ग की निधि चाहिए—चाहिए—चाहिए...
बोल नचिकेता, तुझे क्या चाहिए?"

यह मन अशान्त है
हिंसा के पागलपन से।
कब तक विडम्बनाओं से हृदय न ऊबेगा?
यदि यही बुद्धि की दशा हमेशा बनी रही
तो स्वर्ग मिलेगा नहीं
मिला तो डूबेगा!

मुझको इस छीना-झपटी में विश्वास नहीं।
मुझको इस दुनियादारी में विश्वास नहीं।
हर प्रगति-चरण मानव का घातक पड़ता है।
हम जीते आपा-धापी और दबावों में।
हम चाहे जितना पाएँ कम ही लगता है
कुछ ऐसी रखी है तरकीब स्वभावों में।
यह दुनिया—यह भविष्य—
तुमको सादर वापस।
मिल सके अगर तो
एक दृष्टि चाहिए मुझे—
जीवन बच सके
अँधेरा हो जाने से,—बस!"

श्रेष्ठ का वरण

(श्रेयो हि धीरोऽभि प्रेयसो वृणीते...)

छा गई उसी क्षण मानो गहरी शान्ति
जिस समय नचिकेता ने अडिग
ज्ञान का वरण किया।
जिस पल शरीर की माँगों को स्थगित किया,

माना–
जीवन केवल सुख की साधना नहीं।
वह दिव्य शक्ति–
अनवरत खोज
अनथक प्रयास
वह मुक्ति-बोध,
उसको पशु-सा केवल तन से बाँधना नहीं!

जो केवल तन से जिया
मूर्ख वह
तन से मरते मरता है।

हम वस्तु नहीं हैं–वस्तु स्थित।
सुख का पीछा
जैसे अपनी दुम का पीछा करता कुत्ता–
वह स्वयं-स्वयं में अनुपस्थित!
वह वरण नहीं
मानो खो देना था अपनी पहचान एक।
आकार एक
जैसे आकृति की शर्तों से बाहर आए,–
सन्दर्भ-रहित,
पूर्वानुरागों से टूटा अस्तित्व, किन्तु
अपने को सिद्ध न कर पाए।
नभ में भटके,
जल को थाहे,
क्षण में
त्रिकाल जीना चाहे...
लेकिन अपने को पुनः न सीमित कर पाए।

मृत्युमुखात्प्रमुक्तम्

(अङ्गुष्ठमात्रः पुरुषो मध्य आत्मनि तिष्ठति।
ईशानो भूतभव्यस्य न ततो विजुगुप्सते॥)

मैं तुझको जीवन फिर से वापस देता हूँ।
यह ज़िम्मेदारी
फिर से तुझे सौंपता हूँ।
मैं आदि अन्त की तुलनाओं के बिना तुझे
जीवन-धारा में पुनः बहाए देता हूँ।...

परिवर्तनशील
असिद्ध
वही संसार पुनः ...
तू सक्रिय समय
शक्ति
चिन्तन,
मैं तुझमें निहित
परिस्थितियों का सही ज्ञान।
तू रचनाशील
चेतना का कण-कण में प्रसार।

तू यही समझकर जी
तुझको फिर मुझ तक वापस आना है।
तू मेरा है।
श्रद्धा के किसी पूत क्षण में
तूने अपने को स्वेच्छा से
निर्लोभ
काल को सौंपा है।
तेरा भविष्य अब मेरा है

तुझको भविष्य के लिए
इस तरह जीना है
मानो वह मुझसे प्राप्त हुआ है तुझको।

अपने सामने

अन्तिम ऊँचाई

कितना स्पष्ट होता आगे बढ़ते जाने का मतलब
अगर दसों दिशाएँ हमारे सामने होतीं,
        हमारे चारों ओर नहीं।
कितना आसान होता चलते चले जाना
यदि केवल हम चलते होते
        बाक़ी सब रुका होता।

मैंने अक्सर इस ऊलजलूल दुनिया को
दस सिरों से सोचने और बीस हाथों से पाने की कोशिश में
अपने लिए बेहद मुश्किल बना लिया है।

शुरू-शुरू में सब यही चाहते हैं
कि सब कुछ शुरू से शुरू हो,
लेकिन अन्त तक पहुँचते-पहुँचते हिम्मत हार जाते हैं।
हमें कोई दिलचस्पी नहीं रहती
कि वह सब कैसे समाप्त होता है
जो इतनी धूमधाम से शुरू हुआ था
        हमारे चाहने पर।

दुर्गम वनों और ऊँचे पर्वतों को जीतते हुए
जब तुम अन्तिम ऊँचाई को भी जीत लोगे—
जब तुम्हें लगेगा कि कोई अन्तर नहीं बचा अब
तुममें और उन पत्थरों की कठोरता में

जिन्हें तुमने जीता है–
जब तुम अपने मस्तक पर बर्फ़ का पहला तूफान झेलोगे
और काँपोगे नहीं–
तब तुम पाओगे कि कोई फर्क़ नहीं
सब कुछ जीत लेने में
और अन्त तक हिम्मत न हारने में।

समुद्र की मछली

बस वहीं से लौट आया हूँ हमेशा
अपने को अधूरा छोड़कर
जहाँ झूठ है, अन्याय है, कायरता है, मूर्खता है–
प्रत्येक वाक्य को बीच ही में तोड़-मरोड़कर,
प्रत्येक शब्द को अकेला छोड़कर,
वापस अपनी ही बेमुरौव्वत पीड़ा के
एकांगी अनुशासन में
किसी तरह पुनः आरम्भ होने के लिए।

अखबारी अक्षरों के बीच छपे
अनेक चेहरों में एक फक् चेहरा
अपराधी की तरह पकड़ा जाता रहा बार-बार
अद्भुत कुछ जीने की चोर-कोशिश में :

लेकिन हर सजा के बाद वह कुछ और पोढ़ा होता गया,
वहीं से उगता रहा जहाँ से तोड़ा गया,
उसी बेरहम दुनिया की गड़बड़ रौनक में
गुँजाइश ढूँढ़ता रहा बेहयाई से जीने की। किसी तरह
बची उम्र खींचकर दोहरा ले
एक से दो और दो से कई गुना, या फिर

घेरकर अपने को किसी नए विस्तार से
इतना छोटा कर ले जैसे मछली
और इस तरह शुरू हो फिर कोई दूसरा समुद्र...

जब आदमी आदमी नहीं रह पाता

दरअसल मैं वह आदमी नहीं हूँ जिसे आपने
ज़मीन पर छटपटाते हुए देखा था।
          आपने मुझे भागते हुए देखा होगा
          दर्द से हमदर्द की ओर।
वक्त बुरा हो तो आदमी आदमी नहीं रह पाता। वह भी
मेरी ही और आपकी तरह आदमी रहा होगा। लेकिन
          आपको यक़ीन दिलाता हूँ
वह मेरा कोई नहीं था, जिसे आपने भी
          अँधेरे में मदद के लिए चिल्ला-चिल्लाकर
          दम तोड़ते सुना था।

शायद उसी मुश्किल वक़्त में
जब मैं एक डरे हुए जानवर की तरह
उसे अकेला छोड़कर बच निकला था ख़तरे से सुरक्षा की ओर,
          वह एक फँसे हुए जानवर की तरह
          खूँख्वार हो गया था।

अनिश्चय

मुझमें फिर एक अनुपस्थिति का शोक है,
और मैं उसमें ज़िन्दा हूँ।

एक अकारण शुरुआत और अकारण मृत्यु के बीच
कहाँ हूँ?

मैं कोमल हुआ था यहीं-कहीं जैसे एक फूल।
मैं कठोर हो गया हूँ जैसे मेरी यादगार का पत्थर।
जड़ता
जैसे अभी आक्रमण करेगी।

अनेक अतीतों और अनेक भविष्यों के बीच
मैंने वर्तमान को कभी-कभी ऐसे भी ठहर जाते देखा है
मानो वह केवल
स्मृतियों में जाग रहा,
एक जन्मसिद्ध समय
जीने से भाग रहा।

कितनी कठिन यातना है
इस तरह अकस्मात् एक ज़िन्दा पल का ठहरे रह जाना
वहीं-का-वहीं। अव्यतीत। अघटित। अवाक्।
और रोज़ पैदा होते नए-नए वीरानों का चिल्लाना बेज़बान—
बीत, कुछ तो बीत हम पर
ज़िन्दगी या मौत-सा स्पष्ट,
हमको अनिश्चय से चीरते क्षण...बीत...

एक अजीब दिन

आज सारे दिन बाहर घूमता रहा
और कोई दुर्घटना नहीं हुई।
आज सारे दिन लोगों से मिलता रहा

और कहीं अपमानित नहीं हुआ।
आज सारे दिन सच बोलता रहा
और किसी ने बुरा न माना।
आज सबका यक़ीन किया
और कहीं धोखा नहीं खाया।

और सबसे बड़ा चमत्कार तो यह
कि घर लौटकर मैंने किसी और को नहीं
अपने ही को लौटा हुआ पाया।

इन्तिज़ाम

कल फिर एक हत्या हुई
अजीब परिस्थितियों में।

मैं अस्पताल गया
लेकिन वह जगह अस्पताल नहीं थी।
वहाँ मैं डॉक्टर से मिला
लेकिन वह आदमी डॉक्टर नहीं था।
उसने नर्स से कुछ कहा
लेकिन वह स्त्री नर्स नहीं थी।
फिर वे ऑपरेशन-रूम में गए
लेकिन वह जगह ऑपरेशन-रूम नहीं थी।
वहाँ बेहोश करनेवाला डॉक्टर
पहले ही से मौजूद था—मगर वह भी
दरअसल कोई और था।

फिर वहाँ एक अधमरा बच्चा लाया गया

जो बीगार नहीं, भूखा था।

डॉक्टर ने मेज़ पर से
ऑपरेशन का चाकू उठाया
मगर वह चाकू नहीं
ज़ंग लगा भयानक छुरा था।
छुरे को बच्चे के पेट में भोंकते हुए उसने कहा
अब यह बिलकुल ठीक हो जाएगा।

आदमी अध्यवसायी था

'आदमी अध्यवसायी था' अगर
इतने ही की जयन्ती मनाकर
सी दी गई उसकी दृष्टि
उसके ही स्वप्न की जड़ों से। न उगने पाई
उसकी कोशिशें। बेलोच पत्थरों के मुक़ाबले
कटकर रह गए उसके हाथ

तो कौन संस्कार देगा
उन सारे औज़ारों को
जो पत्थरों से ज़्यादा उसको तराशते रहे।
चोटें जिनकी पाशविक खरोंच और घावों को
अपने ऊपर झेलता
और वापस करता विनम्र कर
ताकि एक रूखी कठोरता की
भीतरी सुन्दरता किसी तरह बाहर आए।

उसको छूती आँखों का अधैर्य कि वह पारस क्यों नहीं

जो छूते ही चीज़ों को सोना कर दे? क्यों खोजना पड़ता है
मिथकों में, वक्रोक्तियों में, श्लेषों में, रूपकों में
झूठ के उलटी तरफ़ क्यों इतना रास्ता चलना पड़ता है
एक साधारण सचाई तक भी पहुँच पाने के लिए?

अपने बजाय

रफ़्तार से जीते
दृश्यों की लीलाप्रद दूरी को लाँघते हुए : या
एक ही कमरे में उड़ते-टूटते लथपथ
दीवारों के बीच
अपने को रोककर सोचता जब

तेज़-से-तेज़तर के बीच समय में
किसी दुनियादार आदमी की दुनिया से
हटाकर ध्यान
किसी ध्यान देनेवाली बात को,
तब ज़रूरी लगता है ज़िन्दा रखना
उस नैतिक अकेलेपन को
जिसमें बन्द होकर
प्रार्थना की जाती है
या अपने से सच कहा जाता है
अपने से भागते रहने के बजाय।

मैं जानता हूँ किसी को कानोंकान ख़बर
न होगी
यदि टूट जाने दूँ उस नाज़ुक रिश्ते को
जिसने मुझे मेरी ही गवाही से बाँध रखा है,
और किसी बातूनी मौक़े का फ़ायदा उठाकर

उस बहस में लग जाऊँ
जिसमें व्यक्ति अपनी सारी ज़िम्मेदारियाँ से छूटकर
अपना वकील बन जाता है।

तुम मेरे हर तरफ़

और तुम मेरे हर तरफ़
हर वक़्त
इतनी मौजूद :
मेरी दुनिया में
तुम्हारा बराबर आना-जाना
फिर भी ठीक से पहचान में न आना
कि कह सकूँ
देखो, यह रही मेरी पहचान
मेरी अपनी बिलकुल अपनी
सब से पहलेवाली
या सबसे बादवाली
किसी भी चीज़ की तरह
बिलकुल स्पष्ट और निश्चित।
अब उसे चित्रित करते मेरी उँगलियों के बीच से
निचुड़कर बह जाते दृश्यों के रंग,
लोगों और चीज़ों के वर्णन
भाषा के बीच की ख़ाली जगहों में गिर जाते।
ठहरे पानी के गहरे डुबाव में
एक परछाईं एक परत और सिकुड़ती।
शाम के अँधेरे ठंडे हाथ।
मेरे कन्धों पर बर्फ़ की तरह ठंडे हाथ
मुझे महसूस करते हैं।

सतहें

सतहें इतनी सतही नहीं होतीं
न वजहें इतनी वजही
न स्पष्ट इतना स्पष्ट ही
कि सतह को मान लिया जाए काग़ज़
और हाथ को कहा जाए हाथ ही।

जितनी जगह में दिखता है एक हाथ
उसका क्या रिश्ता है उस बाक़ी जगह से
जिसमें कुछ नहीं दिखता है?
क्या वह हाथ
जो लिख रहा
उतना ही है
जितना दिख रहा?
या उसके पीछे एक और हाथ भी है
उसे लिखने के लिए बाध्य करता हुआ?

बाक़ी कविता

पत्तों पर पानी गिरने का अर्थ
पानी पर पत्ते गिरने के अर्थ से भिन्न है।

जीवन को पूरी तरह पाने
और पूरी तरह दे जाने के बीच
एक पूरा मृत्यु-चिह्न है।

बाक़ी कविता
शब्दों से नहीं लिखी जाती,

पूरे अस्तित्व को खींचकर एक विराम की तरह
कहीं भी छोड़ दी जाती है...

लगभग दस बजे रोज़

लगभग दस बजे रोज़
        वही घटना
फिर घटती है।
        वही लोग
        उसी तरह
अपने बीवी-बच्चों को अकेला छोड़कर
घरों से बाहर निकल आते हैं। मगर
भूकम्प नहीं आता।
शाम होते-होते
वही लोग
उन्हीं घरों में
वापस लौट आते हैं,
शामत के मारे
थके-हारे।

मैं जानता हूँ
भूकम्प इस तरह नहीं आएगा। इस तरह
कुछ नहीं होगा।
ये लोग किसी और वजह से डरे हुए हैं।
ये सब बार-बार
उसी एक पहुँचे हुए नतीजे पर पहुँचकर
रह जाएँगे कि झूठ एक कला है, और
हर आदमी कलाकार है जो यथार्थ को नहीं

अपने यथार्थ को
कोई-न-कोई अर्थ देने की कोशिश में पागल है!

कभी-कभी शाम को घर लौटते समय
मेरे मन में एक अमूर्तन के भयानक संकेत
आसमान से फट पड़ते हैं—जैसे किसी ने
तमाम बदरंग लोगों और चीज़ों को इकट्ठा पीसकर
किसी सपाट जगह पर लीप दिया हो
और रक्त के सरासर जोखिम के विरुद्ध
आदमी के तमाम दबे हुए रंग
खुद-ब-खुद उभर आए हों।

लखनऊ

किसी नौजवान के जवान तरीक़ों पर त्योरियाँ चढ़ाए
एक टूटी आरामकुर्सी पर
अधलेटे
अधमरे बूढ़े-सा खाँसता हुआ लखनऊ।
कॉफ़ी-हाउस, हज़रतगंज, अमीनाबाद और चौक तक
चार तहज़ीबों में बँटा हुआ लखनऊ।

बिना बात बात-बात पर बहस करते हुए—
एक-दूसरे से ऊबे हुए मगर एक-दूसरे को सहते हुए—
एक-दूसरे से बचते हुए पर एक-दूसरे से टकराते हुए—
ग़म पीते हुए और ग़म खाते हुए—
ज़िन्दगी के लिए तरसते कुछ मरे हुए नौजवानोंवाला लखनऊ।

नई शामे-अवध—
दस सेकेन्ड में समझाने-समझनेवाली किसी बात को

क़रीब दो घंटे की बहस के बाद समझा-समझाया,
अपनी सरपट दौड़ती अक़्ल को
किसी बे-अक़्ल की समझ के छकड़े में जोतकर
हज़रतगंज की सड़क पर दौड़ा-दौड़ाकर थकाया,
ख़्वाहिशों की जगह बहसों से काम चलाया,
और शामे-अवध को शामते-अवध की तरह बिताया।

बाज़ार—
जहाँ ज़रूरतों का दम घुटता है,
बाज़ार—
जहाँ भीड़ का एक युग चलता है,
सड़कें—
जिन पर जगह नहीं,
भागाभाग—
जिसकी वजह नहीं,
महज़ एक बे-रौनक़ आना-जाना,
यह है—शहर का बिसातख़ाना।

किसी मुर्दा शानोशौकत की क़ब्र-सा,
किसी बेवा के सब्र-सा,
जर्जर गुम्बदों के ऊपर
अवध की उदास शामों का शामियाना थामे,
किसी तवाइफ़ की ग़ज़ल-सा
हर आनेवाला दिन किसी बीते हुए कल-सा,
कमान-कमर नवाब के झुके हुए
शरीफ़ आदाब-सा लखनऊ,
खंडहरों में सिसकते किसी बेगम के शबाब-सा लखनऊ,
बारीक़ मलमल पर कढ़ी हुई बारीक़ियों की तरह
इस शहर की कमज़ोर नफ़ासत,
नवाबी ज़माने की ज़नानी अदाओं में

किसी मनचले को रिझाने के लिए
क़व्वालियाँ गाती हुई नज़ाकत :
किसी मरीज़ की तरह नई ज़िन्दगी के लिए तरसता,
सरशार और मजाज़ का लखनऊ,
किसी शौक़ीन और हाय किसी बेनियाज़ का लखनऊ :

यह है क़िब्ला
हमारा और आपका लखनऊ।

एक हरा जंगल

एक हरा जंगल धमनियों में जलता है।
तुम्हारे आँचल में आग...
चाहता हूँ झपटकर अलग कर दूँ तुम्हें
उन तमाम सन्दर्भों से जिनमें तुम बेचैन हो
और राख हो जाने से पहले ही
उस सारे दृश्य को बचाकर
किसी दूसरी दुनिया के अपने आविष्कार में शामिल
कर लूँ।
लपटें
एक नए तट को शीतल सदाशयता को छूकर
लौट जाएँ।

पहले भी आया हूँ

जैसे इन जगहों में पहले भी आया हूँ
बीता हूँ।

जैसे इन महलों में कोई आने को था
मन अपनी मनमानी खुशियाँ पाने को था।
लगता है
इन बनती-मिटती छायाओं में तड़पा हूँ
किया है इन्तज़ार
दी हैं सदियाँ गुज़ार
बार-बार
इन खाली जगहों में भर-भर कर रीता हूँ
रह-रह पछताया हूँ
पहले भी आया हूँ
बीता हूँ।

श्रावस्ती

समय के समतल उतरकर
हाथ जोड़े-सी गुज़रती
एक नतमस्तक अपरिचित शाम।

यूँ ही याद आतीं
वे खँगाली सभ्यताएँ खँडहरों की तूँबियों में...
नहीं,
कुछ अब भी बची है कीर्ति-गाथा,
जिस तरह आक्षितिज सहसा गूँजकर
गूँजता रह जाए कोई चक्रवर्ती नाम।

जेतवन की परिव्राजक हवाओं में
आह, उन अनुपस्थितियों का स्पर्श,
जिनके बाद भी अस्तित्व में कुछ अर्थ बाक़ी है।

रास्ते (फ़तेहपुर सीकरी)

वे लोग कहाँ जाने की जल्दी में थे
जो अपना सामान बीच रास्तों में रखकर भूल गए हैं?
नहीं, यह मत कहो कि इन्हीं रास्तों से
हज़ारों-हज़ारों फूल गए हैं...
वह आकस्मिक विदा (कदाचित व्यक्तिगत!)
जो शायद जाने की जल्दी में फिर आने की बात थी।

ये रास्ते, जो कभी ख़ास रास्ते थे,
अब आम रास्ते नहीं।
ये महल, जो बादशाहों के लिए थे
अब किसी के वास्ते नहीं।
आश्चर्य, कि उन बेताब ज़िन्दगियों में
सब्र की गुँजाइश थी!...
और ऐसा सब्र कि अब ये पत्थर भी ऊब रहे हैं।

अनात्मा देह (फ़तेहपुर सीकरी)

इन परछाइयों के अलावा भी कोई साथ है।
सीढ़ियों पर चढ़ते हुए लगता है
कि वहाँ कोई है, जहाँ पहुँचूँगा।

मुँडेरों के कन्धे हिलते हैं,
झरोखे झाँकते हैं,
दीवारें सुनती हैं,
मेहराबें जमुहाई लेती,
गुम्बद, ताज़ियों के गुम्बद की तरह

हवा में काँपते हैं।

तालाब के सेवार-वन में जल की परछाइयाँ चंचल हैं,
हरी काई के क़ालीन पर एक अनात्मा देह लेटी है
और मीनारें चाहती हैं
कि लुढ़ककर उसके उरोजों को चूम लें।

दिल्ली की तरफ़

जिधर घुड़सवारों का रुख़ हो
उसी ओर घिसटकर जाते हुए
मैंने उसे कई बार पहले भी देखा है।

दोनों हाथ बँधे, मजबूरी में, फिर एक बार
कौन था वह? कह नहीं सकता
क्योंकि केवल दो बँधे हुए हाथ ही
दिल्ली पहुँचे थे।

इब्नेबतूता

माबर के जंगलों में
सोचता इब्नेबतूता—पैने बाँसों की सूलियों में बिन्धे
कौन हैं ये जिनके शरीर से रक्त चूता?

दिन में भी इतना अँधेरा
या सुलतान अन्धा है
जिसकी अन्धी आँखों से मैं देख रहा हूँ

मशाल की फीकी रोशनी में छटपटाता
तवारीख़ का एक पन्ना?–
इस बर्बर समारोह में
कौन हैं ये अधमरे बच्चे, औरतें जिनके बेदम शरीरों से
हाथ पाँव एक-एक कर अलग किए जा रहे हैं?
        क़ाफिर? या मनुष्य? कौन हैं ये
                मेरे इर्द-गिर्द जो
        शरीअत के ख़िलाफ़
                शराब पिए जा रहे हैं?

कोई नहीं। कुछ नहीं। यह सब
                एक गन्दा ख्वाब है
यह सब आज का नहीं
        आज से बहुत पहले का इतिहास है
        आदिम दरिन्दों का
जिसका मैं साक्षी नहीं...। सुलतान,
        मुझे इजाज़त दो,
        मेरी नमाज़ का वक़्त है।

फ़ौजी तैयारी

हज़ारों साल से उसी एक पिटते हुए आदमी को
उसी एक पिटे हुए सवाल की तरह
उसी से पूछा जा रहा है
        "तुम कौन हो?
        कहाँ रहते हो?
        तुम्हारा नाम क्या है?"

किसी आठ अचल कोनोंवाली कोठरी में
गश्त लगाता क़ैदी
एक साथ तीन पहरेदारों को क़ैद किए है।

बाहर
चुम्बक की अदृश्य रेखाओं की तरह फैला है
सींकचों का पकड़िया जंगल।

और यह एक ज़बरदस्त फ़ौजी इन्तज़ाम की
क़ामयाबी का पक्का सबूत है
कि बन्दूक हाथ में लेते ही
हमें चारों तरफ़ दुश्मनों के सिर
अपने आप नज़र आने लगते।

लापता का हुलिया

रंग गेंहुआ ढंग खेतिहर
उसके माथे पर चोट का निशान
क़द पाँच फुट से कम नहीं
ऐसी बात करता कि उसे कोई ग़ग नहीं।
तुतलाता है।
उम्र पूछो तो हज़ारों साल से कुछ ज़्यादा बतलाता है।
देखने में पागल-सा लगता—है नहीं।
कई बार ऊँचाइयों से गिरकर टूट चुका है

इसलिए देखने पर जुड़ा हुआ लगेगा
हिन्दुस्तान के नक़्शे की तरह।

सन्नाटा या शोर

कितना अजीब है
अपने ही सिरहाने बैठकर
अपने को गहरी नींद में सोते हुए देखना।
    यह रोशनी नहीं
    मेरा घर जल रहा है।
    मेरे ज़ख्मी पाँवों को एक लम्बा रास्ता
    निगल रहा है।
    मेरी आँखें नावों की तरह
    एक अँधेरे महासागर को पार कर रही हैं।
यह पत्थर नहीं
मेरी चकनाचूर शक्ल का एक टुकड़ा है।
मेरे धड़ का पदस्थल
उसके नीचे गड़ा है।
मेरा मुँह एक बन्द तहख़ाना है। मेरे अन्दर
शब्दों का एक गुम ख़ज़ाना है। बाहर
एक भारी पत्थर के नीचे दबे पड़े
किसी वैतालिक अक़्लदान में चाभियों की तरह
मेरी कटी उँगलियों के टुकड़े।
    क्या मैं अपना मुँह खोल पा रहा हूँ?
    क्या मैं कुछ भी बोल पा रहा हूँ?
लगातार साँए...साँए...मुझमें यह
सन्नाटा गूँजता है कि शोर?
इन आहटों और घबराहटों के पीछे
कोई हमदर्द है कि चोर?
लगता है मेरे कानों के बीच एक पाताल है
जिसमें मैं लगातार गिरता चला जा रहा हूँ।
    मेरे बाईं तरफ़
    क्या मेरा बायाँ हाथ है?

मेरा दाहिना हाथ
क्या मेरे ही साथ है?
या मेरे हाथों के बल्लों से
मेरे ही सिर को
गेंद की तरह खेला जा रहा है?
मैं जो कुछ भी कर पा रहा हूँ
वह विष्टा है या विचार?
मैं दो पाँवों पर खड़ा हूँ या चार?
क्या मैं ख़ुशबू और बदबू में फ़र्क़ कर पा रहा हूँ?
क्या वह सबसे ऊँची नाक मेरी ही है
जिसकी सीध में
मैं सीधा चला जा रहा हूँ?

वह कभी नहीं सोया

वह जगह
जहाँ से मेरे मन में यह द्विविधा आई
कि अब यह खोज हमें आगे नहीं बढ़ा पा रही
मेरे घर के बिलकुल पास ही थी।

वह घाटी नहीं तलहटी थी
जिसे हमने खोद निकाला था–
और जिसे खोद निकालने की धुन में
हम सैकड़ों साल पीछे गड़ते चले जा रहे थे
इतनी दूर और इतने गहरे
कि अब हमारी खोज में हमें ही खोज पाना मुश्किल था।

शायद वहीं एक सभ्यता का अतीत हमसे विदा हुआ था

जहाँ साँस लेने में पहली बार मुझे
दिक़्क़त महसूस हुई थी
और मैं बेतहाशा भागा था
उस ज़रा-से दिखते आसमान, वर्तमान और खुली हवा की ओर
जो धीरे-धीरे मुँदते चले जा रहे थे।

एक खोज कहाँ से शुरू होती और कहाँ समाप्त
इतना जान लेने के बाद क्या है और क्या नहीं
यहीं से शुरू होती आदमी की खोज,
उसकी रोज़मर्रा कोशिश
कि वह कैसे ज़िन्दा रहे उन तमाम लड़ाइयों के बीच
जो उसकी नहीं—जो उसके लिए भी नहीं—जिनमें
वह न योद्धा कहलाए न कायर,
केवल अपना फर्ज़ अदा करता चला जाए
ईमानदारी से
और फिर भी अपने ही घर की दीवारों में वह
ज़िन्दा न चुनवा दिया जाए।

वह अचानक ही मिल गया।
कुछ निजी कारणों से उसने
अपना नाम नहीं केवल नम्बर बताया।
इतिहास देखकर जब वह वर्षों ऊब गया
उसने अपने लिए क़ब्रनुमा एक कमरा बनाया
और एक बहुत भारी पत्थर को ओढ़कर सो गया।

वह फिर कभी नहीं जागा, यद्यपि उसे देखकर लगता था
कि वह कभी नहीं सोया था। उस ठंडी सीली जगह में
उसकी अपलक आँखों का अमानुषिक दबाव, उसकी आकृति,
उसकी व्यवहारहीन भाषा—कुछ संकेत भर शेष थे
कि वह पत्थर नहीं आदमी था

और हज़ारों साल से आदमी की तरह ज़िन्दा रहने की कोशिश
कर रहा था।

उस टीले तक

जेबों में कुछ पुराने सिक्के,
हाथों में लगाम,
लँगड़ाते टट्टुओं पर सवार,
ऊबड़-खाबड़ सफ़र तय करते
हमने जिस टीले पर पहुँचकर पड़ाव किया
कहते हैं वहीं से सिकन्दर ने अपने घर वापस
लौटने की कोशिश की थी!

''घर''—मैंने इस शब्द की व्याकुल गूँज को
अक्सर ऐसी जगहों पर सुना है
जो कभी किसी विजेता के जीतों की अन्तिम हद रही है।

लेकिन हम वहाँ बिलकुल उलटे रास्ते से पहुँचे थे
और बिलकुल अकस्मात्। यानी कोई इरादा न था
कि हम वहाँ खड़े होकर, भूखे-प्यासे बच्चों से घिरे,
उस उजाड़ जगह का मुआयना करते हुए
सिकन्दर के भूत या भविष्य के बारे में अनुमान लगाते।
''नहीं, हम अब और आगे नहीं जा सकते,
हम बेहद थक चुके हैं, हम घर पहुँचना चाहते हैं''
उन सब ने मिलकर
लगभग बग़ावत कर दी थी। अगर मैं सिकन्दर होता
तो मुमकिन है उस रात उन तेरहों का खून कर देता
जो पीछे लौटनेवालों के अगुवा थे। हमने

वह सीमा क़रीब-क़रीब ढूँढ ही निकाली थी
जहाँ तक सिकन्दर पहुँचा था।

पूरा जंगल

पूरा जंगल उसकी नींद की शान्ति है।
एक जनते-जन्मते क्षण में द्विविधाग्रस्त हूँ—
किसे रोशनी कहूँ? किसे अँधेरा?
किसे शिकार कहूँ? किसे शिकारी?
किसे शिखर कहूँ? किसे धरातल?

अँधेरे को काटती उसकी आँखों की लौ
छाया है? या उसकी छाया में उजाला
उसका बदन? हाँफता
पूरा वज़न। जागता जम्हाई लेकर
सतर्क पूरा वन
उसकी गति है, छलाँग है, महक है
और कितनी तरह है वह और उसकी पहचान का जोखिम
आग और पानी में दमक दाँतों की
लपलपाती एक साथ शुष्क तरल रक्त-बुझी
उसकी जीभ।

पेड़ों झुरमुटों में बहती
हवा। धीरे-धीरे गुज़रती देह
ऊँघती उसकी आँखें—
निमग्नता है,
शान्ति है,
दया है,

क्रूरता है,
उपेक्षा है, वह
भयानक है। वह
सुन्दर है। वह
तटस्थ है।

उसकी तटस्थता। उसका पूरा जंगल है।

कोई दूसरा नहीं

उत्केन्द्रित?

मैं ज़िन्दगी से भागना नहीं
उससे जुड़ना चाहता हूँ।–
उसे झकझोरना चाहता हूँ
उसके काल्पनिक अक्ष पर
ठीक उस जगह जहाँ वह
सबसे अधिक बेध्य हो कविता द्वारा।

उस आच्छादित शक्ति-स्रोत को
सधे हुए प्रहारों द्वारा
पहले तो विचलित कर
फिर उसे कीलित कर जाना चाहता हूँ
नियतिबद्ध परिक्रमा से मोड़कर
पराक्रम की धुरी पर
एक प्रगति-बिन्दु
यांत्रिकता की अपेक्षा
मनुष्यता की ओर ज़्यादा सरका हुआ...

जन्म-कुंडली

फूलों पर पड़े-पड़े अकसर मैंने
ओस के बारे में सोचा है–

किरणों की नोकों से ठहराकर
ज्योति-बिन्दु फूलों पर
किस ज्योतिर्विद् ने
इस जगमग खगोल की
जटिल जन्म-कुंडली बनाई है?
फिर क्यों निःश्लेष किया
अलंकरण पल भर में?
एक से शून्य तक
किसकी यह ज्यामितिक सनकी जमुहाई है?

और फिर उनको भी सोचा है–
वृक्षों के तले पड़े
फटे-चिटे पत्ते...
उनकी अंकगणित में
कैसी यह उधेड़ बुन?
हवा कुछ गिनती है :
गिरे हुए पत्तों को कहीं से उठाती
और कहीं पर रखती है।
कभी कुछ पत्तों को डालों से तोड़कर
यों ही फेंक देती है मरोड़कर...।

कभी-कभी फैलाकर नया पृष्ठ–अन्तरिक्ष–
गोदती चली जाती...वृक्ष...वृक्ष...वृक्ष...

अबकी अगर लौटा तो

अबकी अगर लौटा तो
बृहत्तर लौटूँगा

चेहरे पर लगाए नोकदार मूँछें नहीं
कमर में बाँधें लोहे की पूँछें नहीं
जगह दूँगा साथ चल रहे लोगों को
तरेर कर न देखूँगा उन्हें
        भूखी शेर-आँखों से

अबकी अगर लौटा तो
मनुष्यतर लौटूँगा

घर से निकलते
सड़कों पर चलते
बसों पर चढ़ते
ट्रेनें पकड़ते
        जगह-बेजगह कुचला पड़ा
        पिद्दी-सा जानवर नहीं

अगर बचा रहा तो
कृतज्ञतर लौटूँगा

अबकी अगर लौटा तो
हताहत नहीं
सबके हिताहित को सोचता
पूर्णतर लौटूँगा।

घर पहुँचना

हम सब एक सीधी ट्रेन पकड़कर
अपने-अपने घर पहुँचना चाहते

हम सब ट्रेनें बदलने की
झँझटों से बचना चाहते

हम सब चाहते एक चरम यात्रा
और एक परम धाम

हम सोच लेते कि यात्राएँ दुखद हैं
और घर उनसे मुक्ति

सचाई यूँ भी हो सकती है
कि यात्रा एक अवसर हो
और घर एक सम्भावना

ट्रेनें बदलना
विचार बदलने की तरह हो
और हम जब जहाँ जिनके बीच हों
वही हो
घर पहुँचना।

विलक्षण सन्तुलन में

विलक्षण सन्तुलन में एक कण
शायद कहीं पड़ गया झूठा,
पूरे आकाश को खरोंचता
एक तारा अभी-अभी टूटा।

मानो एक अग्नि-लीक
अँधेरी सदियों के आर-पार
खिंचीं औ' निरस्त करती चली गई

न जाने कितने ही संसार...

पोछो सब : फिर लिखो शुरू से
उन्हीं उपादानों से—मनुष्य,
सही समत्व-बिन्दु से अभी और
विस्तृत करो जीवन-परिदृश्य।

एक सिफ़र—फिर बनता एक सिर
आँख, नाक, कान, मुँह...चेहरा :
नई क्षितिज-रेखा पर लिख रहा
कोई बच्चा अ आ ई ऊ सवेरा।

दुनिया को बड़ा रखने की कोशिश

असलियत यही है कहते हुए
जब भी मैंने मरना चाहा
ज़िन्दगी ने मुझे रोका है।

असलियत यही है कहते हुए
जब भी मैंने जीना चाहा
ज़िन्दगी ने मुझे निराश किया।

असलियत कुछ नहीं है कहते हुए
जब भी मैंने विरक्त होना चाहा
मुझे लगा मैं कुछ नहीं हूँ।

मैं ही सबकुछ हूँ कहते हुए
जब भी मैंने व्यक्त होना चाहा

दुनिया छोटी पड़ती चली गई
एक बहुत बड़ी महत्त्वाकांक्षा के सामने।

असलियत कहीं और है कहते हुए
जब भी मैंने विश्वासों का सहारा लिया—
लगा यह ख़ाली जगहों और ख़ाली वक़्तों को
और अधिक ख़ाली करने-जैसी चेष्टा थी कि मैं उन्हें
एक ईश्वर-क़द उत्तरकांड से भर सकता हूँ।

मैं कुछ नहीं हूँ कहते हुए
जब भी मैंने छोटा होना चाहा
इस एक तथ्य से बार-बार लज्जित हुआ हूँ
कि दुनिया में आदमी के छोटेपन से ज़्यादा छोटा
और कुछ नहीं हो सकता।

पराजय यही है कहते हुए
जब भी मैंने विद्रोह किया
और अपने छोटेपन से ऊपर उठना चाहा
मुझे लगा कि अपने को बड़ा रखने की
छोटी-से-छोटी कोशिश भी
दुनिया को बड़ा रखने की कोशिश है।

पालकी

काँधे धरी यह पालकी
है किस कन्हैयालाल की?

इस गाँव से उस गाँव तक

नंगे बदन, फेंटा कसे,
बारात किसकी ढो रहे?
किसकी कहारी में फँसे?
यह क़र्ज़ पुश्तैनी अभी किश्तें हज़ारों साल की।
काँधे धरी यह पालकी है किस कन्हैयालाल की?

इस पाँव से उस पाँव पर,
ये पाँव बेवाई फटे :
काँधे धरा किसका महल?
हम नींव पर किसकी डटे?
यह माल ढोते थक गई तक़दीर खच्चर-हाल की।
काँधे धरी यह पालकी है किस कन्हैयालाल की?

फिर, एक दिन आँधी चली
ऐसी कि पर्दा उड़ गया!
अन्दर न दुलहन थी न दूल्हा
एक कौव्वा उड़ गया...
तब भेद जाकर यह खुला—हमसे किसी ने चाल की
काँधे धरी यह पालकी ला ला अशर्फी लाल की!

मुश्किल से शुरू हुई दुनिया

वह बीच सड़क पर चल रहा था
हाथ में अपनी जीत का झंडा लिए
और नारे लगाता हुआ
यह मानकर कि उसके पीछे
उसके समर्थकों का जुलूस है
तमाशाई नहीं।

ग़दर के लखनऊ से भी ज़्यादा पुराना
शायद वह तब का था
जब अवध के नवाबों की राजधानी
फ़ैज़ाबाद थी, या और पहले का
जब अयोध्या बसी किसी पुराकाल में

वरना कैसे होते उसके अन्दर
ऐसे-ऐसे पवित्र खँडहर,
बीहड़ और पेंचदार गलियाँ,
भुतही-इमारतें, टूटी-फूटी सड़कें,
अँधेरी बेहाल जगहें जिनका ओर-न-छोर,
कैसे होता वह ज्वालामुखी अतल अन्धकूप
जिसमें झाँकते ही चक्कर आ जाता,
कैसे होते वे तमाम लोग उसकी दुनिया में
जो आते—बसते—और चल बसते—
अपने माल-असबाब जहाँ-तहाँ छोड़कर।

एक डरावना पशु जब भी
एक डरे हुए प्राणी पर झपटता
उसके उत्खनन के लिए प्रेरित होता हूँ
एक पुरातत्ववेत्ता की तरह :
किसी भी पुरानी या नई बस्ती में
जब भी आग लगती
तब मिट चुकी सभ्यता के सुराग खोजते हुए
जो तथ्य हाथ लगते उन्हें देखकर
हैरत से डूब जाता हूँ एक रहस्यमय चुप्पी में
जैसे समुद्रतल में निमग्न कृष्ण की द्वारिका।

समय की सत्ता न तो आत्यन्तिक है
न प्रावेशिक : न संग्रही, न विग्रही :

शायद वह केवल वैचारिक है जिसकी
विराट निरावधि में
बल खाते असंख्य ब्रह्मांडों को
केवल किसी अनुमान-दृष्टि से ही देखा जा सकता है!

एक मारक विषाणु की तरह
अपने ही शरीर के गढ़ में घुसकर
भारी मारकाट मचाती हुई विनाश-लीला
इतिहास नहीं, एक दुःस्वप्न है–

एक सुस्त अजगर की तरह खुद को ही
अपनी दुम की ओर से निगलने लगना
किसी भौगोलिक अ-घटना के कश में
खिंचकर समा जाना है
काल के खोखले विवर में पुनः
        एक ऐसी सृष्टि का जो अभी
        मुश्किल से शुरू ही हुई है।

सम्मेदीन की लड़ाई

ख़बर है
कि भ्रष्टाचार के विरुद्ध
बिलकुल अकेला लड़ रहा है एक युद्ध
कुराहा गाँव का ख़ब्ती सम्मेदीन

बदमाशों का दुश्मन
जान गँवा बैठेगा एक दिन
इतनी अकड़कर अपने को

समाजसेवी कहनेवाला सम्मेदीन

यह लड़ाई
ज़्यादा नहीं चलने की
क्योंकि उसके रहते
चोरों की दाल नहीं गलने की...
एक छोटे-से चक्रव्यूह में घिरा है वह
और एक महाभारत में प्रतिक्षण
लोहूलुहान हो रहा है सम्मेदीन

भरपूर उजाले में रहे उसकी हिम्मत
दुनिया को ख़बर रहे
कि एक बहुत बड़े नैतिक साहस का
नाम है सम्मेदीन

जल्दी ही वह मारा जाएगा
सिर्फ़ उसका उजाला लड़ेगा
अन्धेरों के ख़िलाफ़...ख़बर रहे
किस-किस के ख़िलाफ़ लड़ते हुए
मारा गया निहत्था सम्मेदीन

बचाए रखना
उस उजाले को
जिसे अपने बाद
ज़िन्दा छोड़ जाने के लिए
जान पर खेल कर आज
एक लड़ाई लड़ रहा है
किसी गाँव का कोई ख़ब्ती सम्मेदीन

जंजीरा का क़िला

समुद्र से घिरा जंजीरा का क़िला :
सदियों से लहरों के थपेड़े खाती
बुर्ज़ों की ग़र्क़ाब बुनियादें
    आज भी पुख़्ता हैं।

अबीसीनिया के ग़ुलाम-सौदागर
सुरुल ख़ाँ के महल–
    दरकती दीवारों पर चढ़ती
    जंगली पेड़-पौधों की ज़िद्दी जड़ें,
    गरगजों पर पड़ी ज़ंग खाती तोपें,

याद आते
क़िले के आसपास लँगर डाले, या
अरब सागर पार करते
ग़ुलामों से लदे उसके जहाज़...

    ग़रीब देशों से अमीर देशों को
    निर्यात हो रहे सस्ते मज़दूर!

कभी-कभी इतने क़रीब से
अपने को दुहराता है इतिहास
कि साफ़ सुनाई देती
सुनसान रातों में सागर-तट पर
दूर से आती
कभी सिक्कों तो कभी सिसकियों की आवाज़।

यह कैसी विवशता है?

यह कैसी विवशता है—
किसी पर वार करो
वह हँसता रहता
या विवाद करता।

यह कैसी पराजय है—
कहीं घाव करें
        रक्त नहीं
        केवल मवाद बहता।

अजीब वक़्त है—
बिना लड़े ही एक देश-का-देश
स्वीकार करता चला जाता
अपनी ही तुच्छताओं की अधीनता!

कुछ तो फ़र्क़ बचता
धर्मयुद्ध और कीटयुद्ध में—
कोई तो हार-जीत के नियमों में
स्वाभिमान के अर्थ को
फिर से ईजाद करता।

एक दूसरे से कटकर

घाट की सीढ़ियों पर
कटे पड़े एक लावारिस हाथ को
पुलिस ने हिरासत में ले लिया है

तफ़्तीश जारी है...
किसका हो सकता है वह हाथ?
आदमी और हाथ
दोनों रहस्य बन गए हैं
एक-दूसरे से कटकर!
खोज जारी है—घाट की सीढ़ियों से
शुरू करते ही
पाँव पड़ते एक अनाथ बच्चे पर।
मुँह अँधेरे भविष्य की 'राम, राम'।
कहीं वही तो नहीं साक्षी फिर
इस पाखंडी दुनिया में जिसने कभी
एक खरा बयान दिया था
और अपने हाथ को क़लम किया था?
जिसकी वल्दियत नामालूम...
जिसकी जाति नामालूम...
जिसका मज़हब नामालूम...
जिसकी वसीयत सिर्फ़ इतनी
कि मेरा सबकुछ सब का है
जिसे सब मिलकर आपस में बाँट लें!

एक सरकारी विज्ञप्ति...
जिसका हो यह हाथ
थाने आए
सबूत देकर उसे ले जाए :
हाथ अभी ज़िन्दा है, जल्दी करो, मर न जाए,
कोई उसे अपना कहकर अपनाए
तो शायद उसमें जान पड़ जाए।

कैसा अजीब वक़्त है
कि कोई भी निहत्था आगे नहीं बढ़ता!

कोई बयान, कोई सबूत देते डरता
    कि कौन फँसाए अपनी गर्दन
    अपने हाथ भर हाथ के लिए!

अटकल जारी है—'कि शायद वह
एक हाथ गँवाकर भी ख़ुश है।
अपनी ख़ैरियत मानता है यही मानने में
कि दो से एक भला। एक से अधिक हो जाए तो
शायद उसे दिक़्क़त हो इतने अधिक को सम्भालने में :
अच्छा है एक हाथ के मामले में
दूसरे को न डालना ही!'

हाथ को वैज्ञानिक जाँच के लिए भेजा गया। लेकिन
वैज्ञानिक रपट ने रहस्य को
और भी गाढ़ा कर दिया था।—
अँगूठे ने दस्तख़त देने से इनकार कर दिया।
एक उँगली मुँहबन्द चुप्पी हो गई। बाक़ी तीन
संज्ञाहीन। हथेली इतनी ठंडी
कि किसी भी उपाय से गरम न हुई।
नब्ज़ बन्द थी लेकिन क़लाई-घड़ी चलती रही...
बाक़ी यह कि हाथ
किसी ज़ीरो-ग्रुप वाले आदमी का था
और एक पैने हथियार से कटा...

अब ख़बर है
कि पुलिस की हिरासत से वह हाथ भी फरार है।
अब वह किसी व्यक्ति का हिस्सा नहीं
हथियारों के साथ है।
सब परेशान हैं कि भयानक-से-भयानक घटनाएँ हो जातीं
और पता तक नहीं चलता कि उनके पीछे
क़िसका—या किस-किस का—हाथ है!

शब्दों की तरफ़ से

कभी-कभी शब्दों की तरफ़ से भी
दुनिया को देखता हूँ।

किसी भी शब्द को
एक आतशी शीशे की तरह
जब भी घुमाता हूँ आदमी, चीज़ों या सितारों की ओर
मुझे उसके पीछे
एक अर्थ दिखाई देता
जो उस शब्द से कहीं बड़ा होता है

ऐसे तमाम अर्थों को जब
आपस में इस तरह जोड़ना चाहता हूँ
कि उनके योग से जो भाषा बने
उसमें द्विविधाओं और द्वाभाओं के
सन्देहात्मक क्षितिज न हों, तब–

सरल और स्पष्ट
(कुटिल और क्लिष्ट की विभाषाओं में टूटकर)
अकसर इतनी द्रुतगति से अपने रास्तों को बदलते
कि वहाँ विभाजित स्वार्थों के जाल बिछे दिखते
जहाँ अर्थपूर्ण सन्धियों को होना चाहिए।

एक यात्रा के दौरान

सफ़र से पहले अकसर
रेल-सी लम्बी एक सरसराहट
मेरी रीढ़ पर रेंग जाया करती है।

याद आने लगते कुछ बढ़ते फ़ासले–
जैसे जनता और सरकार के बीच,
जैसे उसूलों और व्यवहार के बीच,
जैसे सम्पत्ति और विपत्ति के बीच,
जैसे गति और प्रगति के बीच

घेरने लगतीं कुछ असह्य नज़दीकियाँ–

जैसे दृढ़ता और विचलन के बीच,
जैसे तेज़ी और फिसलन के बीच,
जैसे सफ़ाई और गन्दगी के बीच,
जैसे मौत और ज़िन्दगी के बीच।

याद आते छोटे-छोटे स्टेशनों पर फैले
बीमार रोशनी के मैले मरियल उजाले,
गाड़ी छूटने का बौखलाहट-भरा वक़्त,
आरक्षण-चार्ट की अन्तिम कार्बन-कापी,
याद आती ट्रेन के इस छोर से उस छोर तक
बदहवास दौड़ती जनता अपने बीवी, बच्चों,
सामान, कुली और जेब को एक साथ सम्भाले...

सुबह चार बजे मुझे एक ट्रेन पकड़नी है।
मुझे एक यात्रा पर जाना है।
मुझे काम पर जाना है।

मुझे कहाँ जाना है
दशरथ की पत्नियों के प्रपंच से बचकर?
मुझे तरह-तरह के कामों के पीछे
कहाँ-कहाँ जाना है?
कहाँ नहीं जाना है?

एक गहरे विवाद में
फँस गया है मेरा कर्त्तव्य-बोध :

ट्रेन ही नहीं एक रॉकेट भी
पकड़ना है मुझे अन्तरिक्ष के लिए
ताकि एक डब्बे में ठसाठस भरा
मेरा ग़रीब देश भी
कह सके सगर्व कि देखो
हम एक साधारण आदमी भी
पहुँचा दिए गए चाँद पर!

पृथ्वी के आकर्षण के विरुद्ध
आकाश की ओर ले जानेवाले ज्ञान के
हम आदिम आचार्य हैं।
न जाने कितनी बार उतरे हैं
हमारी पवित्र धरती पर
आमंत्रित देवताओं के विमान :

न जाने कितनी बार हमने
स्थापित किए हैं गगनचुम्बी ऊँचाइयों के कीर्तिमान!

पर आज
गृहदशा और ग्रहदशा दोनों
कुछ ऐसे प्रतिकूल
कि सातों दिन दिशाशूल :
करते प्रस्थान
रखकर हथेली पर जान :
चलते ज़मीन पर देखते आसमान,
काल-तत्व खींचातान : एक आँख
हाथ की घड़ी पर

दूसरी आँख संकट की घड़ी पर।
न पकड़ से छूटता पुराना सामान,
न पकड़ में आता छूटता वर्तमान।

...घटनाचक्र की तरह घूमते पहिए :
वह भी एक नाटकीय प्रवेश होता है
चलती ट्रेन पकड़ते वक़्त, जब एक पाँव
छूटती ट्रेन पर और दूसरा
छूटते प्लेट-फ़ार्म पर होता है :
सरकते साँप-सी एक गति
दो क़दमों के बीच की फिसलती जगह में,
जब मौत को एक ही झटके में लाँघकर
हम डब्बे में निरापद हो जाना चाहते हैं :

वह एक नया शुभारम्भ होता है किसी यात्रा का
भागती ट्रेन में दोनों पाँव जब
एक ही समय में एक ही जगह होते हैं,
जब कोई ख़तरा नहीं नज़र आता
दो गतियों के बीच एक तीसरी सम्भावना का।
भविष्य के प्रति आश्वस्त
एक बार फिर जब हम
दुश्चिन्तामुक्त समय में—स्थिर चित्त—
केवल जेब में रखे टिकट को सोचते हैं,
उसके या अपने कहीं गिर जाने को नहीं।

कभी-कभी दूसरों का साथ होना मात्र
हमें कृतज्ञ करता
दूसरों के साथ होने मात्र के प्रति,
किसी का सीट बराबर जगह दे देना भी
हमें विश्वास दिलाता कि दुनिया बहुत बड़ी है,

जब अटैची पर एक हल्की-सी पकड़ भी
ज़िन्दगी पर पकड़ मालूम होती है,
और दूसरों के लिए चिन्ता
अपने लिए चिन्ताओं से मुक्ति...

कुछ आवाज़ें।
कोई किसी को लेने आया है।

कुछ और आवाज़ें।
कोई किसी को छोड़ने आया है।
किसी का कुछ छूट गया है।
छूटते स्टेशन पर
छूटे वक़्त की हड़बड़ी में।

अब एक बज रहा स्टेशन की घड़ी में।

क्यों किसी की सन्दूक का कोना
अचानक मेरी पिंडली में गड़ने लगा?
क्यों मेरे सिर के ठीक ऊपर टिका
गिरने-गिरने को वह बिस्तर अखरने लगा?
कौन हैं वे?
क्यों मेरी चिन्ताओं का एक कोना
उनसे भरने लगा?—

मेरी एक ओर बैठा वह
विक्षिप्त-सा युवक,
मेरी दूसरी ओर वह चिन्तित स्त्री,
अपने बच्चे को छाती से चिपकाए
दोनों के बीच मैं कौन हूँ—
केवल एक आरक्षित जगह का दावेदार?

वह स्त्री और वह बच्चा
क्यों नहीं दो मनुष्य के बीच
एक पूर्णतः सुरक्षित संसार?

क्यों यह निरन्तर आने-जाने का क्रम
अनाश्वस्त करता
और उस पूरी व्यवस्था को ध्वस्त
जिसे हम किसी तरह
दो स्टेशनों के बीच मान लेते हैं?
जो अनायास मिलता और छूट जाता
क्यों ऐसा
मानो कुछ बनता और टूट जाता?

शायद मैं ऊँघकर
लुढ़क गया था एक स्वप्न में–

एक प्राचीन शिलालेख के अधमिटे अक्षर
पढ़ते हुए चकित हूँ कि इतना सब समय
कैसे समा गया दो ही तारीख़ों के बीच!
कैसे अट गया एक ही पट पर
एक जन्म
एक विवरण
एक मृत्यु
और वह एक उपदेश-से दिखते
अमूर्त अछोर आकाश का अटूट विस्तार
जिसमें न कहीं किसी तरफ़
ले जाते रास्ते
न कहीं किसी तरफ़ बुलाते संकेत,
केवल एक अदृश्य हाथ
अपने ही लिखे को कभी कहता स्वप्न

कभी कहता संसार...

अचानक वह ट्रेन जिसमें रखा हुआ था मैं
एक खिलौने की तरह छोटी हो गई,
और एक बच्चे की हथेलियाँ इतनी बड़ी
कि उस पर रेल-रेल खेलने लगे फ़ासले
बनाकर छोटे-बड़े घर, पहाड़, मैदान, नदी, नाले...
उसकी क़लाई में बँधी पृथ्वी
अकस्मात् बज उठी जैसे घुँघरू

रेल की सीटी...

शायद उसी वक़्त मैंने
गिरते देखा था ट्रेन से दो पाँवों को
और चौंककर उठ बैठा था।
पैताने दो पाँव—
क्यों हैं यहाँ? क्या करूँ इनका?

सोचा रात है अभी,
सुबह उतार लूँगा इन्हें
अपने सामान के साथ!
सुबह हुई तो देखा
कन्धों पर ढो रहे थे मुझे
किसी और के पाँव।

हफ़्ते...महीने...साल...
बीत गए पल भर में,
"पिता? तुम? यहाँ?"

"मुझे चाहिए मेरे पाँव, ...वापस करो उन्हें।"

"नहीं, वे मेरे हैं : मैं
उन पर आश्रित हूँ—
और मेरा परिवार :
मैं उन्हें नहीं दे सकता तुम्हें!"

वे हँसने लगे, एक बेजान असंगत हँसी।
कभी-कभी किसी विषम घड़ी में हम
जी डालते हैं एक पूरा जीवन—एक पूरी मृत्यु—
एक पूरा सन्देह कि कौन चल रहा है
किसके पाँवों पर?

नींद खुल गई थी
शायद किसी बच्चे के रोने से
या किसी माँ के परेशान होने से
या किसी के अपनी जगह से उठने से
या ट्रेन की गति के धीमी पड़ने से
या शायद उस हड़कम्प से जो
स्टेशन पास आने पर मचता है...

बाहर अँधेरा।
भीतर इतना सब
एक मामूली-सी रोशनी में भी जगमग
जागता और जगाता हुआ।
एक छोटा-सा प्लेटफ़ॉर्म सरककर पास आता
सुबह की रोशनी में,
डब्बे में चढ़ते-उतरते लोगों का ताँता

कोई जगह ख़ाली करता
कोई जगह बनाता।

बाहर किसी घसीट लिखावट में
लिखे गए परिचित यात्रा-वृत्तान्त के
फरफराते दृश्यों को बिना पढ़े
पन्नों-पर-पन्ने उलटती चली जाती रफ़्तार :
विवरण कहीं-कहीं रोचक
प्लॉट अव्यवस्थित, उथले विचार, उबाऊ विस्तार!

भीतर एक डब्बे में खचाखच भरा
एक टुकड़ा भारतीय समाज
मानो कहानियों, फ़िल्मों, कॉमिक्स, अख़बार आदि से
लेकर बनाए गए चरित्रों का कोलाज।

यहाँ और वहाँ के बीच
कहीं किसी उजाड़ जगह
अनिश्चित काल के लिए
खड़ी हो गई है ट्रेन।
        दूर तक फैली ऊबड़-खाबड़ पहाड़ियाँ,
        जगह-जगह टेसू और बबूल की झाड़ियाँ,
        काँस और जंगली घास के झाड़झँखाड़,
        जहाँ-तहाँ बरसाती पानी के तलाब...
वह सब जो चल रहा था
अचानक अकारण असमय कहीं रुक गया है
        आशंका और उतावली के किसी असह्य बिन्दु पर।

कुछ हुआ है जो नहीं होना चाहिए था।
जो अकसर होता रहता है जीवन में।
कौन थे वे जो होकर भी नहीं होते?
ऐसा क्यों हुआ? वैसा क्यों नहीं हुआ
जैसा होना चाहिए था?...
सवालों के एक उफान के बाद

अलग-अलग अनुमानों में निथरकर
बैठ गई हैं उत्सुकताएँ।

फिर चल पड़ती है ट्रेन एक धक्के से
घसीटती हुई अपने साथ
उस शेष को भी जो घटित होगा
कुछ समय बाद
कहीं और
किसी अन्य यहाँ और वहाँ के बीच।

धीमी पड़ती चाल।
अगले ठहराव पर
उतर जाना है मुझे।
एक सिहरन-सी दौड़ जाती नसों में।

पहली बार वहाँ जा रहा हूँ।
हो सकता है कोई लेने आए, या कोई नहीं;
केवल एक सपाट प्लेटफ़ॉर्म मिले,
बर्फ़ीली ठंडक, अँधेरे और अनिश्चय का
घना कोहरा : इतनी रात गए
एक बिलकुल नई जगह से नई तरह
सम्बन्ध बनाता हुआ एक अजनबी।

एक ख़ामोश-सी तैयारी है मेरे आसपास
        जैसे यह मेरा घर था
और अब मैं उसे छोड़कर कहीं और जा रहा हूँ।

कुछ लोग मुझे लेने आए हैं।
मैं उन्हें नहीं जानता :
जैसे कुछ लोग मुझे छोड़ने आए थे

जिन्हें मैं जानता था।

ट्रेन जा चुकी है
एक अस्थायी भाग-दौड़ और अव्यवस्था बाद
प्लेटफ़ॉर्म फिर एक सन्नाटे में जम गया है।

आश्चर्य! वह स्त्री और बच्चा भी
अकेले खड़े हैं उधर।

क्या मैं कुछ कर सकता हूँ उनके लिए?
स्त्री मुझे निरीह आँखों से देखती है–
"वो आते होंगे, मेरे लिए भी..."

कुछ दूर चलकर
ठहर गया हूँ–
उसके लिए?
या अपने लिए?

देखता हूँ उसकी आँखों में
जो घिर आई थी एक दुश्चिन्ता-सी
एक सरल कृतज्ञता में बदल जाती।

गले तक धरती में

गले तक धरती में गड़े हुए भी
सोच रहा हूँ
कि बँधे हों हाथ और पाँव
तो आकाश हो जाती है उड़ने की ताक़त

जितना बचा हूँ
उससे भी बचाए रख सकता हूँ यह अभिमान
कि अगर नाक हूँ
तो वहाँ तक हूँ जहाँ तक हवा
मिट्टी की महक को
हलकोर कर बाँधती
फूलों की सूक्तियों में
और फिर खोल देती
सुगन्धि के न जाने कितने अर्थों को
हज़ारों मुक्तियों में

कि अगर कान हूँ
तो एक धारावाहिक कथानक की
सूक्ष्मतम प्रतिध्वनियों में
सुन सकने का वह पूरा सन्दर्भ हूँ
जिसमें अनेक प्रार्थनाएँ और संगीत
चीखें और हाहाकार
आश्रित हैं एक केन्द्रीय ग्राह्यता पर

अगर ज़बान हूँ
तो दे सकता हूँ ज़बान
ज़बान के लिए तरसती ख़ामोशियों को–
शब्द रख सकता हूँ वहाँ
जहाँ केवल निःशब्द बेचैनी है

अगर ओंठ हूँ
तो रख सकता हूँ मुर्झाते ओंठों पर भी
क्रूरताओं को लज्जित करती
एक बच्चे की विश्वासी हँसी का बयान

अगर आँखें हूँ

तो तिल-भर जगह में भी
वह सम्पूर्ण विस्तार हूँ
जिसमें जगमगा सकती हैं असंख्य सृष्टियाँ...

गले तक धरती में गड़े हुए भी
जितनी देर बचा रह पाता है सिर
उतने समय को ही अगर
दे सकूँ एक वैकल्पिक शरीर
तो दुनिया से करोड़ों गुना बड़ा हो सकता है
एक आदमक़द विचार।

भाषा की ध्वस्त पारिस्थितिकी में

प्लास्टिक के पेड़
नाइलॉन के फूल
रबर की चिड़ियाँ

टेप पर भूले-बिसरे
लोकगीतों की
उदास लड़ियाँ...

एक पेड़ जब सूखता
सबसे पहले सूखते
उसके सबसे कोमल हिस्से—
उसके फूल
उसकी पत्तियाँ।

एक भाषा जब सूखती

शब्द खोने लगते अपना कवित्व
भावों की ताज़गी
विचारों की सत्यता—
बढ़ने लगते लोगों के बीच
अपरिचय के उजाड़ और खाइयाँ...

सोच में हूँ कि सोच के प्रकरण में
किस तरह कुछ कहा जाए
कि सबका ध्यान उनकी ओर हो
जिनका ध्यान सबकी ओर है—

कि भाषा की ध्वस्त पारिस्थितिकी में
आग यदि लगी तो पहले वहाँ लगेगी
जहाँ ठूँठ हो चुकी होंगी
अपनी ज़मीन से रस खींच सकनेवाली शक्तियाँ।

आँकड़ों की बीमारी

एक बार मुझे आँकड़ों की उल्टियाँ होने लगीं
गिनते-गिनते जब संख्या
करोड़ों को पार करने लगी
मैं बेहोश हो गया

होश आया तो मैं अस्पताल में था
खून चढ़ाया जा रहा था
ऑक्सीजन दी जा रही थी
कि मैं चिल्लाया
डॉक्टर मुझे बुरी तरह हँसी आ रही
यह हँसानेवाली गैस है शायद

प्राण बचानेवाली नहीं
तुम मुझे हँसने पर मजबूर नहीं कर सकते
इस देश में हर एक को अफ़सोस के साथ जीने का
पैदाइशी हक़ है वरना
कोई माने नहीं रखते हमारी आज़ादी और प्रजातंत्र

बोलिए नहीं—नर्स ने कहा—बेहद कमज़ोर हैं आप।
बड़ी मुश्किल से क़ाबू में आया है रक्तचाप

डॉक्टर ने समझाया—आँकड़ों का वाइरस
बुरी तरह फैल रहा आजकल
सीधे दिमाग़ पर असर करता
भाग्यवान हैं आप कि बच गए
कुछ भी हो सकता था आपको—

सन्निपात कि आप बोलते ही चले जाते
या पक्षाघात कि हमेशा के लिए बन्द हो जाता
आपका बोलना
मस्तिष्क की कोई भी नस फट सकती थी
इतनी बड़ी संख्या के दबाव से
हम सब एक नाज़ुक दौर से गुज़र रहे
तादाद के मामले में उत्तेजना घातक हो सकती है
आँकड़ों पर कोई दवा काम नहीं करती
शान्ति से काम लें
अगर बच गए आप तो करोड़ों में एक होंगे...

अचानक मुझे लगा
ख़तरों से सावधान कराते किसी संकेत-चिह्न में
बदल गई थी डॉक्टर की सूरत
और मैं आँकड़ों का काटा

चीख़ता चला जा रहा था
कि हम आँकड़े नहीं आदमी हैं।

कविता

कविता वक्तव्य नहीं गवाह है
कभी हमारे सामने
कभी हमसे पहले
कभी हमारे बाद

कोई चाहे भी तो रोक नहीं सकता
भाषा में उसका बयान
जिसका पूरा मतलब है सचाई
जिसकी पूरी कोशिश है बेहतर इन्सान

उसे कोई हड़बड़ी नहीं
कि वह इश्तहारों की तरह चिपके
जुलूसों की तरह निकले
नारों की तरह लगे
और चुनावों की तरह जीते

वह आदमी की भाषा में
कहीं किसी तरह ज़िन्दा रहे, बस।

नालन्दा और बख़्तियार

वह बौना था मगर बाँहें इतनी लम्बी
कि घुटनों के नीचे तक पहुँचते थे उसके हाथ

हौसले इतने उक़ाबी कि एक ही झपट्टे में
बिहार, बंगाल, तिब्बत को हड़प गया एक साथ

हैरत से देखता रह गया था ख़लज़ी दरबार—
एक पागल हाथी को गदा से ज़ख़्मी कर
क़ाबू में कर लेनेवाला दुस्साहसी बख़्तियार
ललचायी नज़रें डाल रहा था हिन्दुस्तान पर...

हत्याओं, लूटपाट और आगज़नी के इतिहास में
नालन्दा, एक जलता हुआ पन्ना, यूँ भी मिला—
"सोना चाहिए था, बिरहमन, सोना : ये क़िताबें नहीं
अफ़सोस, यह तो 'मदरसा' निकला, हम समझे 'क़िला'!"

लड़ाई से मुँह फेरकर भाग गए थे कुछ विचारक
घने जंगलों की ओर—केवल कुछ ग्रन्थ बचाकर;
वे आज भी भाग रहे उसी तरह, 'मदरसे' और 'क़िले' में
फर्क न कर सकनेवाले विजेताओं से घबराकर!...

हिमालय को जीतकर 'अकेला' लौटा है बख़्तियार
लखनौती के बज़ारों में स्वागत करतीं छाती पीट-पीटकर बेवाएँ!
आत्मग्लानि की अँधेरी कोठरी में बन्द, शर्म से
दम तोड़तीं एक विजेता की महत्त्वाकांक्षाएँ...

गोलकुंडा की एक शाम

...और ये बन्दोबस्त
ये नज़रिए
कहाँ-कहाँ से इकट्ठे हुए हौसले

कहाँ-कहाँ से इकट्ठे हुए शाही हुजूम
इन चढ़ाइयों
इन ढलानों पर
थरथराते घुटनों पर खड़ी ईमारतें लुढ़कने-लुढ़कने को
बिना छत के कमरों दालानों में
मुश्किल से फ़र्क़ कर पातीं दीवारें
बहुत लम्बी बहुत मज़बूत चट्टानों में
उक़ाबी जांबाज़ों के उजाड़ घोसले
और वो दिलेर उड़ानें...

इन बेतरतीब पंक्तियों को
किस तरकीब से सजाएँ कि 'शाबाश' गूँजे
पताकाओं की तरह लहराते शब्दों में—
कम वीरान लगें
वीराने?

थककर बैठ गया हूँ जिस जगह
ठीक इसी जगह एक शाही क़ैदी ने फ़ैसला किया था
कि क़ायम रहेंगी पत्थरों पर खरोंची हुई ये नक़्क़ाशियाँ
मेरी बेगुनाही का सबूत ये प्रार्थनाएँ...
मैं फिर आऊँगा फैसला सुनने इन अर्ज़ियों पर।
यहीं-कहीं अगर खोदा जाए
तो मिल सकती है किसी तावीज़ पर खुदी हुई एक तारीख़
जब पैदा हुआ होगा एक खुशनसीब बादशाह
जब बड़ा हुआ होगा अपने साम्राज्य से भी बड़ा एक बादशाह
जब दुनिया को जीतने निकला होगा एक बादशाह
जब अपने और अपनों से हार गया होगा एक बादशाह...
जब घिरते हुए अँधेरों के ख़िलाफ़
एक ख़ुद्दार कुत्बशाही ने सिर उठाए रखा,
जब विश्वासघात के मलबे में डूबा एक पूरा साम्राज्य

मोतियों की एक शाही माला की तरह उठाकर
अबुलहसन ने डाल दिया होगा आज़मशाह के गले में...
जब इस शाही लाशघर से नहा-धोकर
आख़िरी बार निकला होगा एक शाही जनाज़ा...

मुझे सोने दो अभी नज़दीक की आवाज़ो,
मुझमें शोर करो अभी दूर की ख़ामोशियो,
कोई साँस ले रहा है अभी मेरे फेफड़ों में।
इन बन्दूकों-कटारों पर कसी हुई मुट्ठियाँ,
ये कमरबन्द : कोने-खदरों में चमगादड़ों की तरह लटके साए :
क़िलों की दीवारों पर गोह की तरह चढ़ती फफूँद :
साजिश के चेहरों से नक़ाब उतारते ख़ूनी हाथ :
मौत की रहमदिल घाटी में उतरती एक ठंडी शाम।

"अँधेरा होने से पहले ही घर लौटना है,"
वह बेहतर जानता है सैलानियों की ज़रूरतों को
जो टैक्सी चलाता,
जो रोज़ उन्हें खंडहर दिखाकर घर पहुँचाता,
जिसकी कोई वाबस्तगी नहीं
पर्यटकों या खंडहरों से : उसके लिए वक़्त
वह वक़्त है जो मीटर की रफ़्तार से
नग़द गुज़र रहा।

टैक्सी ड्राइवर रहमतअलीशाह
या गाइड मत्सराज के पूर्वजों के युद्धों से
कहीं ज़्यादा कठिन है
वर्तमान से उन दोनों की लड़ाई,
उससे पराजित न होने के उनके मन्सूबे...

बारूद में आग लगाने के इतिहासों से अलग

एक तीसरा इतिहास भी है
रहमतशाह की बीड़ियों और
मत्सराज की माचिस के बीच सुलहों का।

सफलता की कुंजी

दोनों के हाथों में भरी पिस्तौलें थीं
दोनों एक-दूसरे से डरे हुए थे
दोनों के दिल एक-दूसरे के लिए
पुरानी नफ़रतों से भरे हुए थे

उस वक़्त वहाँ वे दो ही थे
लेकिन जब गोलियाँ चलीं
मारा गया एक तीसरा जो वहाँ नहीं
        चाय की दुकान पर था...

पकड़ा गया एक चौथा
जो चाय की दुकान पर भी नहीं
अपने मकान पर था, उसकी गवाही पर
रगड़ा गया एक पाँचवाँ जिसे किसी छठे ने
फँसवा दिया था—सातवें की शिनाख़्त पर
मुक़द्दमा जिस आठवें पर चला, उसके फलस्वरूप
सज़ा नवें को हुई
और जो दसवाँ बिलकुल साफ़ छूटकर
एक ग्यारहवें के सामने गिड़गिड़ाने लगा वह
        उसकी मार्फ़त
        एक नई सफलता तक पहुँचने की कुंजी को
        उँगलियों पर नचाने लगा...

दिवंगत की आत्मा

किसी साधारण भरे सभागार में
एक दिवंगत साहित्यकार चर्चा का विषय था

विषय से हटकर सोचता था एक साहित्यकार
दिवंगत के अर्थों को

उपन्यास, कहानी या नाटक की तरह
कविता की फ़िल्म नहीं बन सकती
ऐसा करते ही वह दिवंगत हो जाती है
वह होती है अपनी शर्तों पर या नहीं होती
वह अपने सिवाय और कुछ होने से इनकार करती है
यह इनकार उसकी सबसे बड़ी ताक़त है
उसका कोई विकल्प नहीं
क्योंकि वह ज़िद्दी होती है।

सभा समाप्त करते हुए अध्यक्ष ने कहा
ईश्वर दिवंगत की आत्मा को शान्ति दे

फिर दो मिनट का मौन
उस मौन में गहरी उतावली थी कि वह समाप्त हो।

> इस तरह भरी सभा में / अकेले हो जाना
> एक मौन के साथ / भयानक था
> असंगत था दिवंगत का इस तरह अकेले में
> हमारे साथ होना...कि अचानक
> खलबली मची
> और मौन दिवंगत हो गया
> एक बिखरती सभा के उमड़ते कोलाहल में

बाहर खुली हवा में तैरते उसके चिथड़े थे
जिन्हें हम साँसों के थपेड़ों से उड़ा रहे थे।

"कितनी गर्मी है", किसी ने कहा
मूल विषय से ध्यान हटाते हुए...
मूल विषयों से ध्यान हटाना
कितना ज़रूरी होता है कभी-कभी
जब बहुत अँधेरा हो अन्दर या बाहर
जब हाथ-को-हाथ न सूझे
कितना ज़रूरी होता है ज्ञान मचाना
अपने चारों तरफ़ जमती हुई अँधेरे की पपड़ियों में

उस आदमी ने जिसको गर्मी लगी थी,
पसीना पोंछा, सिगरेट सुलगाई
और बिना नमस्कार किए अँधेरे में ओझल हो गया—
धुएँ का एक छल्ला पीछे छोड़ते हुए...

एक ठोस उपस्थिति को इस तरह धुआँ होते देखना
अपनी उपस्थिति को ज़्यादा महीन होते देखना था,
मसलन मौसम की बात
किसी बौड़म की बात न थी
एक ऐसी हक़ीक़त थी जिसको सोचते ही
पसीना आता था।

बाल-बाल बचा एक गुर्राते हुए टेम्पो की झपट से
उसकी खरोंच के निशान को
रूमाल से ढँकते हुए
एक भाग्यवादी की तरह भाग्य को सराहा
कि चाहे जितनी लापरवाही से चलो
कुछ-न-कुछ बच ही जाता है बाल-बाल

काल की सम्पूर्ण चपेट में आ जाने से।

यही सोच कर मन को ढाढ़स बँधाया,
बचे हुए अपने को वापस सभागार तक लाया,
जहाँ लगातार होती रहनेवाली सभाओं की यादें
ऊँघ रही थीं–अपने को बैठाया...

ताली बजाते ही हड़बड़ाकर उठ बैठी एक याद–
मुझे पहचाना,
हाथ जोड़ मिली और कुशल-क्षेम पूछा
फिर आदर से अध्यक्ष की कुरसी पर बैठाया,
मैंने एक प्रस्ताव रखा,
उसने समर्थन किया,

और फिर हम दोनों सर्वसम्मति से
उसके पास किए जाने की प्रतीक्षा करने लगे...

पहला सवाल

रात भर नारे लगते रहे कि आज़ादी मिले,
रात भर मशालें जलती रहीं कि भेड़िए भागें,
रात भर इश्तहार बँटते रहे कि सुबह क़रीब है,
रात भर जुलूस निकलते रहे कि लोग जागें।

सुबह
रात भर के जागे लोग थककर
सड़कों, फुटपाथों पर सोए पड़े थे।

कैसी विडम्बना है कि जब वे जागे
उन पर ग़लत जगह ग़लत वक़्त सोने का इल्ज़ाम लगाया गया
और जनता की सुविधा के लिए
सरकारी रास्तों को साफ़ कराया गया।
अब सोने और जागने का पूरा सन्दर्भ बदल चुका था—
दीवारें बदल चुकी थीं—
इश्तहार बदल चुके थे—

आज क्यों पहले से ज़्यादा और ज़रूरत से ज़्यादा लोग
सड़कों, फुटपाथों पर हैं?
अपने घर
अपने कन्धों पर :
बेकार सवालों से जूझती बेकारियाँ :
सार्वजनिक मामलों में हमारे आपसी सुलूक
एक हादसा है
जिनसे बच निकलने की तिकड़मों में
हम मुद्दत से एक हैं।
हर दस क़दम पर सामना है
किसी-न-किसी ऐसी परिस्थिति से
जो सिर्फ़ अपनी ही बोली बोलती है।

पहला सवाल पूछते ही कि 'क्यों हर उलट-फेर के बाद
केवल इन्तिज़ाम बदलते हैं, हम नहीं...?'
'यह विषयान्तर है!'—चिल्लाते हुए छात्र
बिना एक भी सवाल को ठीक से पढ़े
अपनी-अपनी कक्षाओं से बाहर निकल आए।

एक बार लगा कि अब धमाका होगा
और सब कुछ बदल जाएगा...
लेकिन तभी

भभकते गुस्सों और मँझोली औक़ात के
संगठन-कर्ताओं ने घोषित किया कि वे जो
हमारी तरफ़ थे
अब दूसरी तरफ़ हैं
अब दूसरी तरफ़ के इतिहासों के
सबसे ऊँचे दरज़ों में दाखिला खोजते हुए...

अयोध्या, 1992

हे राम,
जीवन एक कटु यथार्थ है
और तुम एक महाकाव्य!
        तुम्हारे बस की नहीं
        उस अविवेक पर विजय
        जिसके दस-बीस नहीं
        अब लाखों सिर—लाखों हाथ हैं,
        और विभीषण भी अब
        न जाने किसके साथ है।

इससे बड़ा क्या हो सकता है
हमारा दुर्भाग्य
एक विवादित स्थल में सिमटकर
रह गया तुम्हारा साम्राज्य

अयोध्या इस समय तुम्हारी अयोध्या नहीं
योद्धाओं की लंका है,
'मानस' तुम्हारा 'चरित' नहीं
चुनाव का डंका है!

हे राम, कहाँ यह समय
कहाँ तुम्हारा त्रेता युग,
कहाँ तुम मर्यादा पुरुषोत्तम
और कहाँ यह नेता-युग!

सविनय निवेदन है प्रभु कि लौट जाओ
किसी पुराण—किसी धर्मग्रन्थ में
सकुशल सपत्नीक...
अबके जंगल वो जंगल नहीं
जिनमें घूमा करते थे वाल्मीक!

क्या वह नहीं होगा

क्या फिर वही होगा
जिसका हमें डर है?

क्या वह नहीं होगा
जिसकी हमें आशा थी?

क्या हम उसी तरह बिकते रहेंगे
बाज़ारों में
अपनी मूर्खताओं के ग़ुलाम?

क्या वे ख़रीद ले जायेंगे
हमारे बच्चों को दूर देशों में
अपना भविष्य बनवाने के लिए?

क्या वे फिर हमसे उसी तरह
लूट ले जायेंगे हमारा सोना
हमें दिखाकर काँच के चमकते टुकड़े?

और हम क्या इसी तरह
पीढ़ी-दर-पीढ़ी
उन्हें गर्व से दिखाते रहेंगे
अपनी प्राचीनताओं के खंडहर
अपने मन्दिर, मस्जिद, गुरुद्वारे?

तबादले और तबदीलियाँ

तबदीली का मतलब तबदीली होता है, मेरे दोस्त
सिर्फ़ तबादले नहीं,

वैसे, मुझे खुशी है
कि अबकी तबादले में तुम
एक बहुत बड़े अफ़सर में तबदील हो गए :

बाक़ी सब जिसे तबदील होना चाहिए था
पुरानी दरख़्वास्तें लिए
वही-का-वही
वहीं-का-वहीं।

जल्दी में

प्रिय जन
मैं बहुत जल्दी में लिख रहा हूँ

क्योंकि मैं बहुत जल्दी में हूँ लिखने की
जिसे आप भी अगर
समझने की उतनी ही बड़ी जल्दी में नहीं हैं
तो जल्दी नहीं समझ पाएँगे
कि मैं क्यों जल्दी में हूँ

जल्दी का ज़माना है
सब जल्दी में हैं
कोई कहीं पहुँचने की जल्दी में
तो कोई कहीं लौटने की...

हर बड़ी जल्दी को
और बड़ी जल्दी में बदलने की
लाखों जल्दबाज़ मशीनों का
हम रोज़ आविष्कार कर रहे हैं
ताकि दिन दूनी रात चौगुनी बढ़ती हुई
हमारी जल्दियाँ हमें जल्दी-से-जल्दी
किसी ऐसी जगह पहुँचा दें
जहाँ हम हर घड़ी
जल्दी-से-जल्दी पहुँचने की जल्दी में हैं।

मगर...कहाँ?...
यह सवाल हमें चौंकाता है।
यह अचानक सवाल इस जल्दी के ज़माने में
हमें पुराने ज़माने की याद दिलाता है।

किसी जल्दबाज़ आदमी को सोचिए
जब वह बहुत तेज़ी से चल रहा हो
—एक व्यापार की तरह—
उसे बीच ही में रोककर पूछिए,

"क्या होगा अगर तुम
रोक दिए गए
इसी तरह
बीच ही में एक दिन
अचानक...?"

वह रुकना नहीं चाहेगा।
इस अचानक बाधा पर उसकी झुँझलाहट
आपको चकित कर देगी।

उसे जब भी
धैर्य से सोचने पर बाध्य किया जाएगा
वह अधैर्य से बड़बड़ाएगा।
"अचानक" को "जल्दी" का दुश्मन मान
रोके जाने से घबड़ाएगा। यद्यपि
आपको आश्चर्य होगा
कि इस तरह अचानक रोके जाने के ख़िलाफ़
उसके पास कोई तैयारी नहीं...

अलग-अलग खातों में

किसी ने कहा—"रुको",
तो मैंने रुक सकने की सम्भावना को सोचा।
मैं मजबूर था।
कुछ भी रुका नहीं मेरे रुकने से।

"चलो", किसी ने कहा।
मैंने चलना चाहा तो लगा

कुछ भी तैयार नहीं चलने को मेरे साथ।

शायद उड़ना चाहिए—मैंने सोचा।
पँख फैलाए तो हर तरफ़
न जाने कैसे-कैसे
हौसलों के परखचे
उड़ते नज़र आए।

किसी ने कहा—"लड़ो,
ज़िन्दगी हक़ की लड़ाई है।"
हथियार उठाया तो देखा
मेरे ख़िलाफ़ पहला आदमी
मेरा भाई है।

गहराइयों में उतरा—
एक मछली दिखी। उससे पूछा—
"मछली-मछली कितना पानी?"
वह इतराकर बोली—"मुझे पकड़ो,
पकड़ सको तो वही थाह,
नहीं तो अथाह!"

इसी तरह साल-दर-साल
अलग-अलग खातों में
दर्ज होते रहे मेरे हिसाब,
और एक दिन जब
कुल जमापूँजी में से
घटाकर देखा पिछला सब रहा-सहा
तो ढूँढे नहीं मिल रहा था
वह एक ख़्वाब जो लगा था
ज़िन्दगी से भी बड़ा...

सरकस

दर्शकों से खचाखच भरी हुई दुनिया में
पूरी ईमानदारी से
जोकर का पार्ट अदा करते
सन्तुलन बनाए रखना
सबसे बड़ा कमाल था।

पसीना पोछो
मेकअप धो डालो
तुम पहले आदमी नहीं
जिस पर बिरादरी को नाज़ है
न तुम अन्तिम आदमी हो
जिसकी कामयाबियों पर
पेट भर हँसी आती।

लोगों की क़तार में

ये तीर, तरकस, तलवार
ये जयघोष, ये गुणगान
इनकी आकांक्षाओं से परे
सुखद है यह नंगे सिर, नंगे पाँव यात्रा

स्वीकार करता हूँ कि मैं सूरमा नहीं
साधारण हूँ।

क्या करूँगा शरीर पर घाव
और टूटे-फूटे हथियार बटोरकर?

सविनय खड़ा हूँ सबके साथ
घातों-प्रतिघातों से ऊबे हुए
लोगों की क़तार में।

वे जो आए थे
युद्ध से पहले ही
अपने ख़ेमे, तमग़े और शर्तनामा लेकर
निराश लौट गए
लड़ाकों और लड़ाइयों के प्रति
मेरे मन में कोई उत्साह न पाकर।

दुश्मनी को प्यार से निरस्त कर देनेवाले
अ-युद्ध प्रस्तावों पर
देखकर मेरे हस्ताक्षर
उन्हें सन्देह हुआ
मेरी निष्पक्षता पर।

बदलते पोस्टर

एक ढहती दीवार पर
नए-नए खुशरंग पोस्टर
पुराने पड़ने से पहले
बदलते रहते हैं अकसर

कभी लिरिल साबुन में नहाती सुन्दरी,
कभी डालडा वनस्पति से पनपते बच्चे,
कभी इफ़को खाद से लहलहाती फ़सलें,
कभी सदाबहार पान के मसाले,

कभी ऐटलस साइकिल पर सवार पग्गड़ किसान,
कभी हाथ जोड़े खड़े धनवर्षा का सन्देशा देते
        धनकुबेर!

मगर वह गुमसुम उदास लड़का नहीं बदलता
जो ठेके पर सरकारी पोस्टर लगाता है–
        "बाप शराब पिएँगे
        और बेटे भूखों मरेंगे..."

वर्षों इसी तरह

कितनी सस्वर होती है
        प्रतिवर्ष
        ऋतुओं के साथ
एक वृक्ष की जीवनी में
उसकी उत्सवी बनावट

उसका आरोह और अवरोह
        एक विराट आयोजन में
उसका अवसर के संग
        लयात्मक जुड़ाव

        वसन्त के साथ
विलम्बित में खिलती हुई
        किसी लजाती डाल पर
कोपलों की धीमी-सी "अरे सुन..."
और देखते-देखते उसके आसपास
रंगों और सुरभि का द्रुत भराव,

मन्द से तीव्रतर होती हुई
अछोर चहल-पहल इच्छा-तरंगों की बढ़त

फिर क्रमशः पतझर के साथ
एक अनन्त उदासी से भरा
उसका जोगिया तराना
वर्षों इसी तरह
अथक लय-विलय में
अन्तिम साँस तक जीवन-राग को
किसी तरह न टूटने देने की
उसकी पागल धुन!

मालती

कितनी ढिठाई से बढ़ती
और कैसा ठठाकर खिलती है मालती

वह एक भीनी-सी ख़ुशबू की कड़ी कार्रवाई है
पछुवाँ के निर्मम थपेड़ों के ख़िलाफ़
घर की पश्चिम की दीवार को यत्न से घेरे
एक अल्हड़ खिलखिलाहट है मालती

आज अचानक क्या हो गया तुझे?
क्या तेरा बच्चा बीमार है?
क्यों इस तरह सिर झुकाए
गुमसुम खड़ी है मालती?

माली कहता—

राकस होती है मालती की बेल
मर-मरकर जी उठनेवाली
देसी हिम्मत है मालती
कैसे ही उसे काटो-छाँटो
कभी नहीं सूखती है जड़ों से मालती

काग़ज़, क़लम और स्याही

पहला शब्द एक घटना थी। और पृथ्वी थी
जिस पर अमिट कुछ लिखने के लिए
समय की स्याही थी।

जब मेरा जन्म हुआ
मुझसे कहा गया—
        खेलकूद के लिए
        तुम्हारे पास अधिक समय नहीं,
        झटपट बड़े हो जाओ
        और काम-धन्धे से लगो।

इसके पहले कि मैं बूढ़ा हो जाता
कुछ की नज़र
मेरी काग़ज़ी दुनिया पर पड़ी।

एक प्रस्ताव पारित हुआ कि मुझे
प्रकाशित, प्रचारित और प्रसारित
होने के रास्ते पर फिलहाल चलने दिया जाए।

मेरा यह पुनर्जन्म
दिलचस्प था।

अधिकांश मैं
बन्द पड़ा था अल्मारियों में,
एक बड़ा हिस्सा फाइलों में,
थोड़ा-बहुत नोटबुकों में,
कुछ पत्रों में, और कुछ
किताबों के हाशियों में।

सोचा, कल को लिखूँ
        इतिहास की तरह,
आज को लिखूँ
        साहित्य की तरह,
अन्त को लिखूँ
        धर्मग्रन्थ की तरह...

कि शब्द आकृतियों में बदलने लगे
विज्ञान के चमत्कार से
        व्यर्थ थीं अब जीवन-मरण की चिन्ताएँ,
        दिन में कई-कई बार
        जिया-मरा जा सकता था
        एक बटन के इशारे पर :
        किसी भी विभीषिका को
        एक मनोरंजन की तरह भी
        खेला जा सकता था।

कभी यदि रद्दी में डाल दी गई
सारी लिखा-पढ़ी
तो कबाड़ के भाव
इन दिनों को तौलूँगा!

फिर कभी काग़ज़ हुआ

तो चेष्टा करूँगा
ज़िन्दगी किसी ऐसे पत्र का इन्तज़ार हो
        जिसे कोई प्यार से लिखे,
        सम्भालकर एक लिफ़ाफ़े में रखे,
और अपने होंठों से चिपकाकर
देर तक सोचे
कि उसे भेजे या न भेजे?

जो उसे पाएगा
देखते ही जान लेगा
        कि उसके अन्दर क्या है :
        कई दिनों बाद
        सबसे छिपाकर
        उसे खोलेगा
        उसके अन्दर रखे
        दुनिया के सबसे मूल्यवान
        सन्देशे को पाने के लिए।

मैं उससे धीरे से कहूँगा—
        "अब उस लिफ़ाफ़े को फेंक दो;
        उसके द्वारा तुमने वह पा लिया है
        जिसके लिए उसके इतने जन्म हुए।"

शायद वह भावुक हो जाए
और उसे फेंकने का साहस न कर सके

इस तरह सम्भव है वह
उस अमूल्य सन्देशे के साथ
एक अटूट बन्धन में बँध जाए।

सुनयना

कई बार ऐसा हुआ
कि वैसा नहीं हुआ
जैसा होना चाहिए था...

कैसा होना चाहिए था
फूल-सी सुनयना की आँखों में
अपने प्रेम में विश्वास का रंग?

वैसा नहीं मिला मौसम
जिसमें खिलते हैं फूल
अपनी समस्तता में
निश्छल और चंचल एक साथ...

कुछ लोग उसे देखने आए
देखने की तारीख़ से पहले,
ख़रीद की तर्ज़ पर पक्की कर गए उसे
पकने की तारीख़ से पहले।

तूफ़ानों से लड़ती
एक अकेली पत्ती
दरख़्त की उँगली पकड़े...

उसके विश्वास का रंग
अब वैसा था जैसा होता है
डाल से तोड़े हुए फूलों का रंग।

...पिछली बार अयोध्या में
कनक भवन की सीढ़ियों से उतरते देखा उसे—

भस्म अंगों में वैसा न था यौवन
जैसा होना चाहिए था
ऐसे भरे फागुन में टेसू का रंग!

अब वह
सूर्यास्त समय
जैसे नदी पार के घिरते अँधेरे में
घुलता चला जाए एक बजरे का रंग
ऐसा था ऐसे समय
हाथों में फूल लिए
उसका चुपचाप कहीं
ओझल हो जाने का ढंग।

वह जो

वह जो मुँह-अँधेरे उठकर
घर के काम-काज में लग गई
एक बहुत बड़ी छाया है
जो इस समय दुनिया पर छाई है।

एक सूर्योदय हो रहा।
उसकी कोमल टहनियों से झाँकती धूप।
देखते-देखते
सुलगती अँगीठी पर
दूध की तरह उफ़नते
सवेरे की ताज़ी गन्ध से
भर उठेगा पूरा घर।

चहचहाती चिड़ियों की तरह
वह अभी मुझसे झगड़ने लगेगी
कि मैं इतनी देर तक क्यों सोता हूँ,
बिना उस सपने की परवाह किए
जिसे मैं देख रहा हूँ।

वह हवा की तरह बहेगी घर में :
मेरे लाख कहने पर भी कि ज़रा ठहरो
—कभी झल्लाती, कभी खिलखिलाती
इस दरवाज़े से उस दरवाज़े
ठहरेगी नहीं
उसकी लगातार आवाजाही।

वह जो नाश्ता बनाकर
साड़ी का पल्ला कमर में लपेटे
अब ऊनी कपड़ों को धूप दिखाने जा रही—
क्या वह जानती है कि उसके हाथों में
इस समय अरगनी नहीं
एक कविता की बागडोर है?

अब उसे कौन समझाए
कि आमदनी और ख़र्च का
सही-सही हिसाब मिलाना
उसके क्या किसी के भी बूते से बाहर है :
दाँतों तले पेन्सिल दबाए
मुझसे मेरे अनाप-शनाप ख़र्चों का हिसाब माँगती
वह समझ रही कि ज़िन्दगी की गणित में
रोज़मर्रा का नहीं
उम्र भर का घपला है।

सबके लिए
एक बड़े-से-बड़े अपनत्व की सृष्टि...

धन्यवाद उस तक पहुँचता इससे पहले ही
मैं सुन रहा किसी को सीढ़ियाँ उतरते
मैं देख रहा उसको बाहर निकलते...

अचानक एक जादू-सा टूटता
जो मुझे बाँधे हुए था।

नदी बूढ़ी नहीं होती

बहुतों को पसन्द करती है वह।
उसकी पसन्दें मुझे भयभीत नहीं करतीं।

बहुतों से अलग
कभी-कभी बिलकुल अपनी तरह
उसके साथ होने की इच्छा को
मैंने खुद से भी छिपाया है :

अज्ञात जगहों में
लम्बी यात्राओं में
उसके और अपने बीच
अनेक काल्पनिक प्रसंगों को
इस तरह रचा है
मानो वह मीनाक्षी नहीं
मेरी कविता या कहानी हो
जिसे जब जैसे चाहूँ

लिख या पढ़ सकता हूँ :

मानो वह अधिकार देती है
कि उसके हँसने को
ऐसा कोई अर्थ दूँ
जैसा देती है कभी-कभी धूप
    ऊँचाइयों से गिरते झरनों को,
या हवा
    लोट-पोट फूलों को,
या उसके बोलने को कहूँ
कि वह एक छन्द है जिसके अन्दर
    मेरी एक अटपटी इच्छा बन्द है,
या उसके साथ
किसी मामूली-सी चहलक़दमी के किनारे
एक नदी बना दूँ या माँडू का क़िला
और कहूँ कि रूपमती
इस क्षण मैं सैकड़ों वर्षों को जीना चाहता हूँ
तुम्हारे साथ–

और अचानक उसे बाहों में भरकर चौंका दूँ
एक ऐसे वक़्त
जब वह सचमुच परेशान हो
अपने चेहरे पर गाढ़ी होती झुर्रियों को लेकर
या आँखों पर जल्द चढ़नेवाले चश्मों की चिन्ता से!

हवा से खेलते उसके केश,
एक ख़ुशबू उसे छूते हुए
ठहर गई है स्मृति में उकेरती हुई
एक इच्छा-मूर्ति।

किसी मन्दिर की निचली सीढ़ियों को
छूती कावेरी या तुंगभद्रा–
        लहरों को छूते उसके हाथ
पिछली सदियों का प्रमाद
जब यक्षिणी के पाषाण-वक्षों तक
उठ आया था बाढ़ का जल
और ठहरा रह गया था वहीं
उसका एक दुस्साहसी पल।

आओ इस भागते उजास को जिएँ
डूबकर उस एक नाज़ुक क्षण में
जब सब कुछ होता है हमसे
        उदास या प्रसन्न,

एक अपवाद से ज़्यादा लम्बी हो
        तुम्हारी आयु
        उन शब्दों में
        जो तुमसे मिलता-जुलता
        एक सपना देखते हैं–
कि उस सूर्य-बिन्दु तक उठें
जहाँ से साफ़ देखा जा सके
इस मटमैली सतह को
जिसे हम बार-बार सजाकर
धारण करते हैं एक मुकुट की तरह,

एक नए सन्धि-तट से देखें–
उस अरूप शिलावत् चमक को
चिटककर स्वयं से अलग होते,
तडित्-गति से कौंधकर
पृथ्वी में प्रवेश करते,

और एक अमिट अनुभव के सौन्दर्य को
किसी भविष्य में घनीभूत होते।

साथ बहें :
जिन तटों को हम छुएँगे बसा जाएँगे।
हज़ारों नाम देंगे
इस उन्माद के वशीभूत होने को,
एक आवेग में बह जाने को कहेंगे जीवन,
अपने ही प्रवाह में नहा उठने को
एक अलौकिक संज्ञा में बाँधेंगे,

और एक दिन
इसी तरह बहते हुए
कभी जंगल, कभी गाँव, कभी नगर से होते हुए
        सागर में समा जाने को
        ढिठाई से कहेंगे
        कि नदी बूढ़ी नहीं होती।

एक जन्मदिन जन्मस्थान पर...

क़स्बे की साँझ, बुझे कंडों का धुआँ,
बल्बों की फुन्सियाँ जल उठीं यहाँ-वहाँ।
अभी गए साल यहाँ आई है बिजली–
लेकिन बस एक सड़क छूते हुए निकली :
कुत्ता-लोट सड़कें और कौव्वों की काँव-काँव,
धूल भरे चौराहे पूछ रहे नाम, गाँव...

घोड़ी बेच घिर्राऊ रिक्शा ले आए,

इक्का-दिन बीते अब रिक्शा-दिन आए :
एक जून दाल-भात, एक जून चना,
भरते पेट घोड़ी का कि भरते पेट अपना :
जान लिए लेती है रिक्शा की खिंचाई,
बाक़ी कमर तोड़ रही बढ़ती महँगाई।

यादों की पगडंडी, खेतों की मेड़-मेड़
कुएँ की जगत पर पीपल का वही पेड़...
पेड़ तले पंडित सियाराम का मदरसा
लगता था तब भी पंडिताइन के घर-सा :
वही अंकगणित और वही वर्णमाला–
चलती है सृष्टिवत् उनकी कार्यशाला :
वह सादा जीवन जो अनायास बीत गया
कितने निर्द्वन्द्व भाव एक युद्ध जीत गया :
रुधे कंठ, भरी आँख, उनका आशीर्वाद–
"कैसे हो बेटे तुम? दिखे बहुत दिनों बाद..."

वही तो चौक है–वही तो बजाजा है–
वैसी ही भीड़-भाड़, वैसी ही आ-जा है :
गेहूँ की बोरी से टेक लगाए, अधलेटा,
भज्जामल अढ़तिये का सिड़बिल्ला बेटा,
वैसे तो जनमजात तुतला और बैला था
पर इससे क्या होता–रुपयों का थैला था!
नुक्कड़ पर दीख गए बूढ़े इरफ़ान मियाँ,
सब उनको प्यार से कहते हैं "बड़े मियाँ" :
बाबा के जिगरी दोस्त, गाँव के बुजुर्गवार,
झगड़ों-मुक़द्दमों में सबके सलाहकार...
मेरे आदाब पर दिल से दुआएँ दीं,
सेहत के बारे में एक-दो सलाहें दीं।

बापू की "बेटा" सुन आँखें भर आईं—
नीम के झरोखों में सिसकी पुरवाई :
"बेटा घर आया है", कहने को होंठ हिले
पर शायद इतना भी कहने को न शब्द मिले!
एक वृक्ष वंचित ज्यों अपनी ही छाया से—
उदासीन होता मन अपनी ही काया से।
ताड़ों पर झूलते पतंग-दिन बचपन के;
बीत रहे बुआ के विधवा-दिन पचपन के।
अम्मा की ऐनक पर बरसों की जमी धूल,
रखा रामायण पर गुड़हल का एक फूल :
दोने से निकालकर प्रसाद दिया मंगल का,
आँखों से प्यार लगा अब छलका तब छलका :
आँचल क्यों बार-बार आँखों तक जाता है?
आँसू का ख़ुशियों से यह कैसा नाता है :
कभी उसे वही, कभी बदल गया लगता हूँ,
कभी कुछ दुबला तो कभी थका लगता हूँ—
"ज़रा देर लेट ले—सफ़र की थकान है—"
"ठीक हूँ अम्मा, तू नाहक परेशान है..."

बहन को देखकर अम्मा ने आह भरी—
"छब्बीस की हो गई इस असाढ़ माधुरी",
कहने लगीं, आले पर रखते हुए लालटेन,
"दस बीघा खेती है, थोड़ी-बहुत लेन-देन,
तीस की माँग थी, पच्चिस पर माने हैं,
बाक़ी हाल घर का तू ख़ुद ही सब जाने है।
लड़की का भाग्य—कौन जाने क्या होना है—
भरेगी माँग या अभी और रोना है..."

"मुझे नहीं करना है उस घुघ्घू से शादी,
कुछ माने रखती है मेरी भी आज़ादी!

सबको बस एक फ़िक्र रात-दिन सुबह-शाम,
लड़की सयानी हुई, शादी का इन्तज़ाम–
एक रस्म जल्दी-से-जल्दी निबाह दो
लड़की का मतलब है किसी तरह ब्याह दो :
मुझ पर ही रहने दो तुम सब मेरा जिम्मा,
पढ़ी-लिखी हूँ मैं भी, कुछ कर सकती हूँ अम्मा...''
कहने को कह डाला, फिर सहसा फूट पड़ी,
बिजली-सी कड़की और वर्षा-सी टूट पड़ी,
सबको डराकर फिर ख़ुद ही से डर गई,
घबराई बिल्ली-सी इधर गई उधर गई...

मैंने कहा हँसते हुए, ''लगता ये सिरफिरी
सचमुच अब छब्बीस की हो गई माधुरी–
जल्दी यदि तूने कुछ किया नहीं तो अम्मा
अपने सिर ले लेगी दुनिया भर का जिम्मा!''

मुझे देख आँखों की बुझती गोधूली में
बाबा ने टटोला कुछ यादों की झोली में–
''हम में से एक को अकेले भी रहना था,
अच्छा है इस दुख को उसे नहीं सहना था...''
और फिर घिर आई पूर्ववत् उदासी...
बाबा ने इसी साल पूरे किए इक्यासी।
बच्चा अधनींद में ''अम्मा'' चिल्ला पड़ता,
अपने ही सपनों से अपना ही भय लड़ता :
सोते में लाँघ गई शायद बिस्तुइया,
असगुन सोच सिहर गई भीरुचित्त मैय्या!

दौड़ रहे भइया किसी डाके की गवाही में,
लेना-न-देना कुछ, ख़ामख़्वाह तबाही में।
भइया को पुलिस ने बुलाया है थाने,

क्या दुर्गति हो उनकी राम जी जानें।

बोले दरोगाजी, "सोच लो रमेश्वर
दुनिया नहीं चलती है ख़ाली ईमान पर,
होते दो-चार ही गांधी से मानव
बाक़ी आम लोग तो न देवता न दानव,
मामूली लोग हम, छोटी-सी ज़िन्दगी,
क्या हमें सफ़ाई और क्या हमें गन्दगी,
हमको तो किसी तरह पापी पेट भरना है
थाने और घर के बीच गुज़र-बसर करना है।"

सिर पकड़े सोच रहे हम भी और भइया भी
इस जीवन-दर्शन की यह कैसी चाभी!
थाने से लगा एक घोसी का अहाता
दूध और पानी का सदियों से नाता।
ज्यों ही कमरे से बाहर मुँह निकाला
लिपट गया मुँह भर पर मकड़ी का जाला!
आपे से बाहर हो भइया चिल्लाए—
"ऐसी गवाही से बेहतर है मर जाए!"
"भइया, इस गुस्से की नैतिक औक़ात से
कहाँ-कहाँ भिड़िएगा? किस-किस की बात से?
आँखें मूँद सो रहिए, ऐसी ही दुनिया है,
अपना भी कुटुम्ब है—मुन्ना है, मुनिया है..."
"मेरे ही दुर्दिन हैं, उनका तो क्या होना,
लेकिन मुँह ढाँककर ऐसा भी क्या सोना!
आज नहीं कल सही—लड़ना तो होगा ही—
कहाँ तक न बोलेगी आख़िर बेगुनाही?"...

दिल्ली में दो कमरे : सपनों में गाँव :
कभी इस पाँव खड़े कभी उस पाँव :

यह कैसा दिशा-बोध घबराया-घबराया–
यह चेहरा बदहवास, वह चेहरा कुम्हलाया...

नीम के फूल

एक कड़वी-मीठी औषधीय गन्ध से
भर उठता था घर
जब आँगन के नीम में फूल आते।

साबुन के बुलबुलों-से
हवा में उड़ते सफ़ेद छोटे-छोटे फूल
दो-एक माँ के बालों में उलझे रह जाते
जब वो तुलसी पर जल चढ़ाकर
आँगन से लौटतीं।

अजीब बात है मैंने उन फूलों को जब भी सोचा
बहुवचन में सोचा।
उन्हें कुम्हलाते कभी नहीं देखा–उस तरह
रंगारंग खिलते भी नहीं देखा
जैसे गुलमुहर या कचनार–पर कुछ था
उनके झरने में, खिलने से भी अधिक
शालीन और गरिमामय, जो न हर्ष था
न विषाद।
जब भी याद आता वह विशाल दीर्घायु वृक्ष
याद आते उपनिषद् : याद आती
एक स्वच्छ सरल जीवन-शैली : उसकी
सदा शान्त छाया में वह एक विचित्र-सी
उदार गुणवत्ता जो गर्मी में शीतलता देती

और जाड़ों में गर्माहट। याद आती एक तीखी
पर मित्र-सी सोंधी ख़ुशबू, जैसे बाबा का स्वभाव।

याद आतीं पेड़ के नीचे सबके लिए
हमेशा पड़ी रहनेवाली
बाध की दो-चार खाटें :
निबौलियों से खेलता एक बचपन...

याद आता नीम के नीचे रखे
पिता के पार्थिव शरीर पर
सकुचाते फूलों का वह वीतराग झरना
—जैसे माँ के बालों से झर रहे हों—
नन्हे-नन्हे फूल जो आँसू नहीं
सान्त्वना लगते थे।

स्पष्टीकरण

ग़लत-से-ग़लत वक़्त में भी
सही-से-सही बात कही जा सकती है।
हम थोड़ी देर के लिए
स्थगित कर सकते हैं युद्ध,
महत्त्व दे सकते हैं अपने भयभीत होने को,
स्वीकार कर सकते हैं अपनी बदहवासी,
एक बार, कम-से-कम एक बार तो
काँप सकते हैं हमारे हाथ,
हम चीख सकते हैं कि 'नहीं...
ये सब पराए नहीं मेरे हैं,
मैं इन्हें नहीं मार सकता,
मैं युद्ध नहीं करूँगा...'

ऐसी विषम घड़ी में हमारे अन्तःकरण
    कम-से-कम एक बार तो
बना सकते हैं ईश्वर को साक्षी–
    माँग सकते हैं उससे भी स्पष्टीकरण...

हँसी

धीरे-धीरे टूटता जाता
    मेरी ही हँसी से मेरा हर नाता
अकसर वह सही जगहों पर नहीं आती
    अकसर वह ग़लत जगहों पर आ जाती
मानो कोई फ़र्क़ ही न हो सही और ग़लत में,
    मानो हँसी मेरी हँसी नहीं अपनी मर्ज़ी हो–
चेहरे पर अपने ढंग से चढ़ा हुआ एक रंग
    जो किसी ख़ुशी का द्योतक न होकर
एक विदूषक की भूमिका हो किसी प्रहसन में।

कभी-कभी एक अधूरी हँसी
    या बनावटी हँसी
    या विक्षिप्त हँसी
विकृत कर जाती है
    चेहरे की दरकती हुई जटिल नक़्क़ाशी को...
सिर्फ़ आँखें हँसतीं
या सिर्फ़ होंठ
    बाक़ी चेहरा किसी अन्य तल के प्रशान्त में
अधडूबी चट्टान-सा झलकता जिसे
    हज़ारों वर्षों में लहरों और तूफ़ानों ने
तराशकर एक मनुष्य-चेहरे का आकार दिया हो।

भूल-चूक लेनी-देनी

कहीं कुछ भूल हो
कहीं कुछ चूक हो कुल लेनी-देनी में
तो कभी भी इस तरफ़ आते-जाते
अपना हिसाब कर लेना साफ़
ग़लती को कर देना मुआफ़
विश्वास बनाए रखना
कभी बन्द नहीं होंगे दुनिया में
ईमान के खाते।

इन दिनों

नदी के किनारे

हाथ मिलाते ही
झुलस गई थीं उँगलियाँ

मैंने पूछा, "कौन हो तुम?"

उसने लिपटते हुए कहा, "आग!"

मैंने साहस किया–
खेलूँगा आग से।

धूप में जगमगाती हैं चीज़ें
धूप में सबसे कम दिखती है
चिराग़ की लौ।

कभी-कभी डर जाता हूँ
अपनी ही आग से
जैसे डर बाहर नहीं
अपने ही अन्दर हो।

आग में पकती रोटियाँ
आग में पकते मिट्टी के खिलौने।

आग का वादा–फिर मिलेंगे
नदी के किनारे।

हर शाम
इन्तज़ार करती है आग
नदी के किनारे।

एक अजीब-सी मुश्किल[1]

एक अजीब-सी मुश्किल में हूँ इन दिनों–
मेरी भरपूर नफरत कर सकने की ताक़त
दिनोंदिन क्षीण पड़ती जा रही

अंग्रेजों से नफरत करना चाहता
जिन्होंने दो सदी हम पर राज किया
तो शेक्सपीयर आड़े आ जाते
जिनके मुझ पर न जाने कितने एहसान हैं।

मुसलमानों से नफ़रत करने चलता
तो सामने ग़ालिब आकर खड़े हो जाते।
अब आप ही बताइए किसी की कुछ चलती है
उनके सामने?

सिखों से नफ़रत करना चाहता
तो गुरु नानक आँखों में छा जाते
और सिर अपने आप झुक जाता

और ये कंबन, त्यागराज, मुत्तुस्वामी...
लाख समझाता अपने को

---

1. यह कविता पहले 'प्रेम-रोग' शीर्षक से छपी थी।

कि वे मेरे नहीं
दूर कहीं दक्षिण के हैं
पर मन है कि मानता ही नहीं
बिना उन्हें अपनाए

और वह प्रेमिका
जिससे मुझे पहला धोखा हुआ था
मिल जाए तो उसका खून कर दूँ!
मिलती भी है, मगर
कभी मित्र
कभी माँ
कभी बहन की तरह
तो प्यार का घूँट पीकर रह जाता।

हर समय
पागलों की तरह भटकता रहता
कि कहीं कोई ऐसा मिल जाए
जिससे भरपूर नफ़रत करके
अपना जी हलका कर लूँ।

पर होता है इसका ठीक उलटा
कोई-न-कोई, कहीं-न-कहीं, कभी-न-कभी
ऐसा मिल जाता
जिससे प्यार किए बिना रह ही नहीं पाता।

दिनोंदिन मेरा यह प्रेम-रोग बढ़ता ही जा रहा
और इस वहम ने पक्की जड़ पकड़ ली है
कि वह किसी दिन मुझे
स्वर्ग दिखाकर ही रहेगा।

बाज़ारों की तरफ़ भी

आजकल अपना ज़्यादा समय
अपने ही साथ बिताता हूँ।

ऐसा नहीं कि उस समय भी
दूसरे नहीं होते मेरे साथ
मेरी यादों में
या मेरी चिन्ताओं में
या मेरे सपनों में

वे आमन्त्रित होते हैं
इसलिए अधिक प्रिय
और अत्यधिक अपने

वे जब तक मैं चाहूँ साथ रहते
और मुझे अनमना देखकर
चुपचाप कहीं और चले जाते।

कभी-कभी टहलते हुए निकल जाता हूँ
बाज़ारों की तरफ़ भी :
नहीं, कुछ ख़रीदने के लिए नहीं,
सिर्फ़ देखने के लिए कि इन दिनों
क्या बिक रहा है किस दाम
फ़ैशन में क्या है आजकल

वैसे सच तो यह है कि मेरे लिए
बाज़ार एक ऐसी जगह है
जहाँ मैंने हमेशा पाया है
एक ऐसा अकेलापन जैसा मुझे

बड़े-बड़े जंगलों में भी नहीं मिला,
और एक खुशी
कुछ-कुछ सुकरात की तरह
कि इतनी ढेर-सी चीज़ें
जिनकी मुझे कोई ज़रूरत नहीं!

अपठनीय

घसीट में लिखे गए
ज़िन्दगी के अन्तिम बयान पर
थरथराते हस्ताक्षर
इतने अस्पष्ट
कि अपठनीय

प्रेम-प्रसंग
बचपन से बुढ़ापे तक
इतने पर्दों की पर्तों में लिपटे
कि अपठनीय

सच्चाई
विज्ञापनों के फुटनोटों में
इतनी बारीक़ और धूर्त भाषा में छपी
कि अपठनीय

सियासती मुआमलों के हवाले
ऐसे मकड़जाले
कि अपठनीय

अखबार
वही खबरें बार-बार
छापों पर इतनी छापें
सबूत की इतनी ग़लतियाँ
भूल-सुधार इतने संदिग्ध
कि अपठनीय

हर एक के अपने-अपने ईमान-धरम
इतने पारदर्शी
कि अपठनीय

जीवन-वस्तु जितनी ही भाषा-चुस्त
उतनी ही तरफ़ों से इतनी एक-तरफ़ा
कि अपठनीय

सुई की नोंक बराबर धरती पर लिखा
भगवद्गीता का पाठ
इतना विराट
कि अपठनीय

और अब
जबकि जाने की हड़बड़ी
आने-जाने के टाइम-टेबिल में ऐसी गड़बड़ी
कि छूटने का वक़्त
और पहुँचने की जगह
दोनों अपठनीय

आजकल कबीरदास

आजकल
    मगहर में रहते हैं कबीरदास।

कहाँ है मगहर?
उत्तर प्रदेश में छोटा-सा गाँव
न जाने किस समय में
ठहरी हुई ज़रा-सी जगह में
कुटिया डाल, करते अज्ञातवास
जीते एक निर्वासित जीवन
    आजकल कबीरदास

यदा-कदा दिख जाते फ़क़ीरों के भेस में
कभी अनमने-से साहित्य-समाज में

    सब कहते—

    सह नहीं सके जब
    जग की उलटबाँसी,
    छोड़ दिया कासी

आजकल कम ही लौटते हैं वे
अपने मध्यकाल में,

रहते हैं त्रिकाल में।

एक दिन दिख गए मुझको
फ़िलहाल में
पूछ बैठा

फक्कड़-से दिखते एक व्यक्ति से
"आप श्री दास तो नहीं,
अनन्त के रिश्तेदार?"

अक्खड़ खड़ी बोली में बोले—
"कोई फ़र्क़ नहीं इसमें
कि मैं 'दास' हूँ या 'प्रसाद'
'नाथ' हूँ या 'दीन'
'गुप्त' हूँ या 'नारायण'
या केवल एक समुदाय, हिन्दू या मुसलमान,
या मनुष्य की सामूहिक पहचान
ईश्वर-और-अल्लाह,
या केवल एक शब्द में रमण करता
पूरा ब्रह्मांड,
या सारे शब्दों से परे एक रहस्य"

स्पष्ट था कि पहचान का ही नहीं
भाषा का भी संकट था इस समय
जैसे मेरे और उनके समय को लेकर
उनका अद्वैत भाव—

"कौन कह सकता है कि जिसे
हम जी रहे आज
वह कल की मृत्यु नहीं,
और जिसे हम जी चुके कल
वह कल का भविष्य नहीं?"

उनकी वाणी में एक राज़ था
जैसे उनकी चुप्पी में।

"अनन्त से मेरा कोई नज़दीकी रिश्ता नहीं,
वह केवल एक नाम है
जिससे मैं उसे पुकारता हूँ कभी-कभी
पर जो उसकी पहचान नहीं।
वैसे भी, रिश्तों को नाम देना
बिलकुल फ़र्ज़ी है,
होशियारी ज़रूरी है नामों को लेकर,
लोग लड़ते-मरते हैं
जिन नामों को लेकर
झूठे पड़ जाते वे देखते-देखते,
लाशों में बदल जाते
फूलों के ढेर,
करुणा और सुन्दरता का अनाम भाव
स्वाहा हो जाता है
नामों की जात-पाँत के धधकते पड़ोस में।"

एक दिन मिल गए मुझे
लोदी बाग़ के एक शानदार मक़बरे में।
ज़मीन पर पड़े एक बेताज सिकन्दर को देखकर बोले–

"नापसन्द था मुझे
सत्ता के दरबारों में सिर झुकाना।
जंज़ीरों की तरह लगते थे मुझे
दरबारी कपड़े
जिनमें अपने को जकड़े
पेश होना पड़े किसी को भी
भरे दरबार में
ख़ुद को एक क़ैदी की तरह पकड़े,
चेहरे पर कसे मुखौटे की पाबन्दी को
उतारकर बेचेहरा होते हुए

चाहिए एक ऐसी मुक्ति
जिसमें न प्रसन्नता हो, न उदासी
न किसी का प्रभाव हो, न दबाव
केवल एक दार्शनिक हो अपना सद्‌भाव
सबके बीच लेकिन सबसे
थोड़ा हटकर भी"

देखकर अपना ज़माना
यक़ीन नहीं होता कि अब बीत गया
उनका ज़माना,
कि अब वे कहीं नहीं,
न काशी में, न मगहर में
कि अब वे केवल इसे जानने में हैं
कि वस्तुगत होकर देखना
वस्तुवत् होकर देखना है,
सही को जानना
सही हो जाना है,

उनका हर शब्द एक ज़रूरी भेद करता
दृष्टि और दृष्टि-दोष में

स्थूल की सीमाओं के षड्यन्त्र में
कौन रहता है आशंकित हर घड़ी
कि अब ज़्यादा देर नहीं उसकी हत्या में,
कि वे ही उसे मारेंगे
जिन्हें उसने बेहद प्यार दिया

वे हत्यारे नहीं
अज्ञानी हैं
जो उसे बार-बार मृत्युदंड देते

उसे सूली पर चढ़ाते
उसकी अपनी ही हत्या के जुर्म में।

कौन आश्वस्त है फिर भी
कि वह मरेगा नहीं,
मर सकती है वह दुनिया
जिस पर होते रहते अत्याचार।

आज भी यक़ीन नहीं होता
कि वह जीवनद्रोही नहीं
एक सच्चा गवाह था जीवन का
जिसने जाते-जाते कहा था—
कहाँ जाऊँगा छोड़कर
इतनी बड़ी दुनिया को
जो मेरे ही अन्दर बसी है
हज़ारों वर्षों से

यहीं रहूँगा—
इसी मिट्टी में मिलूँगा
इसी पानी में बहूँगा
इसी हवा में साँस लूँगा
इसी आग से खेलूँगा
इन्हीं क्षितिजों पर होता रहूँगा
उदय अस्त,
इसी शून्य में दिखूँगा खोजने पर

अनर्गल वस्तुओं
और आत्मरत दुनिया से विमुख
एक निरुद्वेल में
लिखकर एक अमिट हस्ताक्षर—प्रेम

उसने एक गहरी साँस ली
और भाप बनकर छिप गया
फिर एक बार बादलों के साथ
बेहद में।

ज़ख़्म

इन गलियों से
बेदाग़ गुज़र जाता तो अच्छा था

और अगर
दाग़ ही लगना था तो फिर
कपड़ों पर मासूम रक्त के छींटे नहीं

आत्मा पर
किसी बहुत बड़े प्यार का ज़ख़्म होता
जो कभी न भरता

जिसे बहुत पहले आना था

न जाने कब से बन्द
एक दिन इस तरह खुला घर का दरवाज़ा
जैसे ग़र्द से ढँकी
एक पुरानी किताब
प्रवेश किया घर में
जैसे अपने पन्नों में लौटी हो

एक कहानी अपने नायक के साथ
छानकर दुनिया भर की ख़ाक

घर की दीवारों को दी नई व्यवस्था
इससे शायद बदले कुछ
हमारी कहानी
या कहानियाँ कहने का अन्दाज़

सोचते-सोचते सो गया था एक गहरी नींद
जैसे अब सुबह न होगी
कि एक आहट से खुल गई आँखें,
जैसे वही हो दरवाज़े पर
बरसों बाद
जिसे बहुत पहले आना था।

क़ुतुब का परिसर

वैसे तो बिल्कुल स्पष्ट और क्रमानुसार थीं
सारी बातें मेरे दिमाग़ में
कि हर शहर की होती हैं
अपनी प्राचीनताएँ और आधुनिकताएँ
अपने चौक-चौराहे आमोख़ास सड़कें
लड़कियाँ और लड़के
नदी पुल बाग़ बगीचे
दिक़्क़तें और सुविधाएँ
सामान्यताएँ और विशेषताएँ
उसके क़िले महल
अजायबघर कलाभवन प्रेक्षालय

उसके लेखकों कलाकारों महानायकों
और शहीदों की अमरकथाएँ
उनके महाकाव्य, फ़ौजें, जहाजी और हवाई बेड़े।

बिल्कुल साफ़ था मेरे दिमाग़ में
हर शहर के भूगोल और इतिहास का नक़्शा

कि एक दिन
लखनऊ या शायद क्राकाउ के चिड़ियाघर में
घूमते हुए घूमने लगा मेरे दिमाग़ में
पूरी दुनिया का नक़्शा
और आदमी का पूरा इतिहास...
किस समय में हूँ?
कहाँ से आया हूँ? किस शहर में हूँ?

काफ़्का के प्राहा में
22 नम्बर "स्वर्ण-गली" के एक छोटे-से कमरे में?
या वेनिस की गलियों में?
या बल्लीमारान में?
हैब्सबर्ग्ज़ के भव्य महलों में हूँ?
या वावेल-दुर्ग में? या लाल क़िले के दीवाने-ख़ास में?

वापस लौटा तो देखा
हुमायूँ के मकबरे या शायद कुतुब के परिसर में खड़ी
अमीर खुसरो की एक नयी पहेली
जोड़ रही थी
कलाओं की वंशावली में एक और कड़ी।

काफ़्का के प्राहा में

एक उपस्थिति से कहीं ज़्यादा उपस्थित
हो सकती है कभी-कभी उसकी अनुपस्थिति

एक वर्तमान से ज़्यादा जानदार
और शानदार हो सकता है उसका अतीत

एक शहर की व्यस्त दैनन्दिनी से
अधिक पठनीय हो सकते हैं
उसकी डायरी के पुराने पन्ने

एक अपरिचित भीड़ में भटकने से
ज़्यादा रोमांचक हो सकती है
उसकी प्राचीनताओं में बसी
सदियों पुरानी आत्माओं की आवभगत

बाज़ार की चौंधिया देनेवाली जगमगाहट के बीच
अचानक संगीत की एक उदास ध्वनि में
हम पा सकते हैं
उसके वैभव की एक ज़्यादा सच्ची पहचान

कभी-कभी एक ज़िन्दगी से
ज़्यादा अर्थपूर्ण हो सकती हैं
उस पर टिप्पणियाँ
एक प्रेम से ज़्यादा मधुर हो सकती हैं
उसकी स्मृतियाँ

एक पूरी सभ्यता की वीरगाथाओं से
कहीं अधिक सारगर्भित हो सकती है
एक स्मारक की संक्षिप्त भाषा।

कुछ दिन अन्य देशकाल में

कुछ दिन अतिथि रहा
एक अन्य देशकाल की अनियत दिनचर्या में।

बसा जैरो एक गाँव
स्मृतिविहिन
घटित हुआ जैसे एक फूल
इतिहास से परे
व्यतीत हुआ जैसे समय
बिना अतीत हुए

एक दिन
सुनता रहा घड़ी को रोककर
अपनी ही धड़कनों को
और जा निकला
किसी अन्तिम निष्कर्ष की तरह
एक ऐसे क्षितिज पर
जैसा एक बार सपने में देखा था

एक दिन
समुद्र के किनारे देखा
अपने सबसे महत्त्वाकांक्षी मन को
दुर्दम लहरों की तरह उठते
और अपने ही सारांश में बिखर जाते।

एक दिन हुआ
—जैसे सुबह
चला—जैसे हवा
बहा—जैसे नदी

सब जगह गया
लेकिन हर जगह बेपहचान
सबमें प्रवाहित हुआ
लेकिन अन्तर्ध्यान

एक दिन
प्रक्षिप्त एक विराट पर्दे पर
फैलकर देखा
अपनी सबसे विरल विद्यमानता को
अ-वस्तुगत होकर
एक अवाक् प्रार्थना में निवेदित होते

एक दिन
जिया एक शिलालेख
एक भित्ति-चित्र
एक पुराकथा–

अपने अनेक संस्करण, आलेख, पांडुलिपियाँ
खोजते हुए लाइब्रेरियों में, अजायबघरों में, विद्यालयों में
जा पहुँचा वहाँ
जहाँ केवल हर जानी जगह से–हर पायी वस्तु से–
लौट आना था एक ऐसे अविचल बिन्दु पर
जिसके चारो ओर
केवल एक अकुलाता विस्तार था
अपने लिए एक स्थिति खोजता हुआ

एक दिन
पढ़ता रहा एक ऐसी विचित्र किताब
जिसमें भाषा के फन्दे न थे,
बड़े-से-बड़े विचारों की

शब्द बराबर छोटी-छोटी तस्वीरें थीं
बच्चों के खेलने लायक़।

अन्तिम दिन
भाषा और भाषा के अभेद से उत्पन्न वे
दिखे मुझे
जीवन की आत्मकथा
जो किसी भी देश किसी भी काल में
लिखी और पढ़ी जा सकती है,
जिसके लिए कहीं भी जन्म
कहीं भी मृत्यु सम्भव है,
जो किसी भी प्रस्तावना से पहले
या उपसंहार के बाद
अनायास शुरू हो सकती है
जैसे पुरुष
किसी धरती पर प्रकट हो सकती है
जैसे प्रकृति
किसी आकाश में ध्वनित हो सकती है
जैसे प्रेम

वे भीड़ नहीं, हम हैं

पटना के निकट दुर्घटना में
मृतकों की सूची में देखकर अपना नाम
हरदयाल चौंक पड़े—"अरे,
मैं तो अभी ज़िन्दा हूँ !"

फिर कौन था वह दूसरा, जो मारा गया?

क्या कोई और भी हो सकता है
मुझ जैसा ही?

विस्फोट असफल रहा
वे जिन्हें नहीं जीतना चाहिए था
हार गए अपने आप।

क़िले से उठता धुँआ

लगता है कोई भीषण दुर्व्यवस्था
हमारी रक्षा कर रही।

जो बच रहा उसने सोचा—
एक मौक़ा है
अब लौटना चाहिए,
मनुष्य होने का पूरा तात्पर्य
संगठित हो सकता है
एक कुटुम्ब के आसपास,
निर्वाचित हो सकता है बहुमत से
पृथ्वी पर उसका प्रतिनिधित्व।

रसोई से उठता धुँआ
आश्चर्य, बिना सुरक्षा-बलों के भी
सुरक्षित थी गृहस्थी : पत्नी बेचारी
ईमानदारी की तरह खुश थी
नहीं-बराबर-जगह में भी,
साइकिल से स्कूल गया बच्चा
सकुशल लौट आया था
एक खूंख्वार ट्रैफ़िक के जबड़ों से बचकर।

पत्नी से बोले हरदयाल—

शायद मैं स्वप्न देख रहा था।
सुनो, अब हमारी ख़ैर नहीं,
एक उत्तेजित भीड़ ने हमें
खुशी से गले मिलते देख लिया है,
हम चारों तरफ़ से घिर गए हैं,
कल ख़बर छपेगी कि हम
किसी मुठभेड़ में
या भेड़ियाधसान में मारे गए

नहीं, ऐसा नहीं होगा—पत्नी ने सरलता से कहा—
तुम डर गए हो
वे हमारे पड़ोसी हैं।
उनकी आँखें हमारी खुशी से नम हैं
उन्हें अपने विश्वास का चेहरा दो—
वे भीड़ नहीं, हम हैं।

दुनिया की चिन्ता

छोटी-सी दुनिया
बड़े-बड़े इलाके
हर इलाके के
बड़े-बड़े लड़ाके
हर लड़ाके की
बड़ी-बड़ी बन्दूकें
हर बन्दूक के बड़े-बड़े धड़ाके

सबको दुनिया की चिन्ता
सबसे दुनिया को चिन्ता

फिर मेरे पाँवों तले

फिर मेरे पाँवों तले
रख दी गई है एक पृथ्वी

फिर मुझे थमा दी गई है
एक ज़िन्दगी की लगाम

थरथराते पाँवों में
फँसा दी गई हैं रक़ाबें

फिर उठता चारों ओर
वही पागल शोर
नसों पर फिर वही असह्य दबाव
    'या तो सिद्ध करो दिग्विजय
    या स्वीकार करो दास-भाव।'

फिर मुझे लड़ना है वही पुराना युद्ध
उसी नक़ाबपोश दुश्मन के विरुद्ध
    जिसकी फ़ौजें
    छिपकर अँधेरे में वार करतीं।

भारी मन से फिर मुझे लौटना है
    उसी कुरुक्षेत्र—उसी पानीपत—उसी प्लासी के
    रक्त-सने धूसर मैदानों से
    एक थके हुए योद्धा की तरह खाली हाथ।

अंक और अक्षर

हवा में उड़ रहे थे अंक ही अंक

चिड़ियों की तरह चहचहाते
कभी मकानों पर बैठ जाते
कभी दुकानों पर
कभी मोटरों पर
कभी बिजली के तारों पर

सब पकड़ रहे थे उन्हें
अपनी अपनी तरह
अपनी अपनी ज़मीन पर।

किसी के हाथ लगा...1
किसी के हाथ...2
किसी के हाथ...3

जिसके जो हाथ लगा
वह उसी से बैठाने लगा
अपनी ज़िन्दगी का जोड़ तोड़।

जिनके हाथ आया...0
उनमें से कुछ
चले गए अंकों से अक्षरों की दुनिया में।

सम्भावनाएँ

लगभग मान ही चुका था मैं
मृत्यु के अन्तिम तर्क को

कि तुम आए

और कुछ इस तरह रखा
फैलाकर
जीवन के जादू का
भोला-सा इन्द्रजाल
कि लगा यह प्रस्ताव
ज़रूर सफल होगा।

ग़लतियाँ ही ग़लतियाँ थी उसमें
हिसाब-किताब की,
फिर भी लगा
गलियाँ ही गलियाँ हैं उसमें
अनेक सम्भावनाओं की

बस, हाथ भर की दूरी पर है
वह जिसे पाना है।

ग़लती उसी दूरी को समझने में थी।

कविता के बहाने

कविता एक उड़ान है चिड़िया के बहाने
कविता की उड़ान भला चिड़िया क्या जाने
बाहर भीतर
इस घर, उस घर
कविता के पंख लगा उड़ने के माने
चिड़िया क्या जाने?

कविता एक खिलना है फूलों के बहाने
कविता का खिलना भला फूल क्या जाने!

बाहर भीतर
इस घर, उस घर
बिना मुरझाए महकने के माने
फूल क्या जाने?

कविता एक खेल है बच्चों के बहाने
बाहर भीतर
यह घर, वह घर
सब घर एक कर देने के माने
बच्चा ही जाने।

मेरा घनिष्ठ पड़ोसी

मेरा घनिष्ठ पड़ोसी है
एक पुराना पेड़
—न जाने क्या तो है उसका नाम, क्या उसकी जात—
पर इतनी निकट हैं उसकी डालें
कि हमेशा बनी ही रहती हैं
मेरे घर के वरांडे में
कुछ इस तरह कि जब चाहता
हाथ बढ़ाकर सहला सकता उसका माथा
और वह गऊ-सा
मुझे निहारता रहता निरीह आँखों से

मेरी उससे गाढ़ी दोस्ती हो गई है
इतनी कि जब हवा चलती
तो लगता वह मेरा नाम लेकर
मुझे बुला रहा,

सुबह की धूप जब उसे जगाती
वह बाबा की तरह खखारते हुए उठता
और मुझे भी जगा देता।

अकसर हम घंटों बातें करते
इधर-उधर की बातें
अपनी-अपनी भाषा में
लेकिन भाषा से कोई फ़र्क़ नहीं पड़ता—वह कहता
हमारे सुख-दुख की भाषा एक ही है,
जाड़ा गर्मी बरसात उसे भी उसी तरह भासते जैसे मुझे,
पतझर की उदासी
वसन्त का उल्लास
कितनी ही बार हमने साथ मनाया है
एक दूसरे के जन्मदिन की तरह

जब भी बैठ जाता हूँ थककर
उसकी बग़ल में
चाहे दिन हो चाहे रात
वह ध्यान से सुनता है मेरी बातों को,
कहता कुछ नहीं
बस, एक नया सवेरा देता है मेरी बेचैन रातों को।

उसकी बाँहों में चिड़ियों का बसेरा है,
हर घड़ी लगा रहता उनका आना-जाना

कभी-कभी जब अपना ही घर समझकर
मेरे घर में आकर ठहर जाते हैं
उसके मेहमान
तो लगता चिड़ियों का घोंसला है मेरा मकान,
और एक भागती ऋतु भर की सजावट है मेरा सामान।

एक वृक्ष की हत्या

अबकी घर लौटा तो देखा वह नहीं था–
वही बूढ़ा चौकीदार वृक्ष
जो हमेशा मिलता था घर के दरवाज़े पर तैनात।

पुराने चमड़े का बना उसका शरीर
वही सख़्त जान
झुर्रियोंदार खुरदुरा तना मैलाकुचैला,
राइफिल-सी एक सूखी डाल,
एक पगड़ी फूल पत्तीदार,
पाँवों में फटापुराना जूता
चरमराता लेकिन अक्खड़ बल बूता

    धूप में बारिश में
    गर्मी में सर्दी में
    हमेशा चौकन्ना
    अपनी ख़ाकी वर्दी में

दूर से ही ललकारता, "कौन?"
मैं जवाब देता, "दोस्त!"
    और पल भर को बैठ जाता
    उसकी ठंडी छाँव में

दरअसल शुरू से ही था हमारे अन्देशों में
    कहीं एक जानी दुश्मन
कि घर को बचाना है लुटेरों से
शहर को बचाना है नादिरों से
देश को बचाना है देश के दुश्मनों से

बचाना है–
नदियों को नाला हो जाने से
हवा को धुँआ हो जाने से
खाने को ज़हर हो जाने से :
बचाना है–जंगल को मरुथल हो जाने से,
बचाना है–मनुष्य को जंगल हो जाने से।

तटस्थ नहीं

तट पर हूँ
पर तटस्थ नहीं।

देखना चाहता हूँ
एक जगमगाती दुनिया को
डूबते सूरज के आधार से।

अभी बाक़ी हैं कुछ पल,
और प्यार का एक भी पल
बहुत होता है

इसी बहुलता को
दे जाना चाहता हूँ पूरे विश्वास से
इन विह्वल क्षणों में
कि कभी-कभी एक चमत्कार हुआ है पृथ्वी पर
जीवन के इसी गहरे स्वीकार से

मद्धिम उजाले में

कभी-कभी एक फूल के खिलते ही
उस पर मुग्ध हो जाता है पूरा जंगल
देखते-देखते फूल-ही-फूल हो जाता है
उसका तन-मन, उसका जल-थल, उसका पल-पल

यह जिस आरण्यक का दूसरा हिस्सा है
उसके पहले हिस्से में फूल नहीं था
न उस पर कोई विमर्श
केवल एक प्रश्न था
कि जिस बीज में निबद्ध है
पूरे वृक्ष की वंशावली
उसके विकास की तमाम शाखाओं प्रशाखाओं,
जातियों प्रजातियों, चक्रों कुचक्रों, क्रमों उपक्रमों से
होते हुए कैसे उसके सर्वोच्च शिखर तक पहुँचकर
बची रह पाती है
एक विनम्र सुन्दरता

किसी दिन
कुम्हलाती-सी आवाज़ में
उसने कहा होगा—अब मुझे जाना है...

विदा कहते ही
अंग-अंग अनेक उपमानों में बदल गई होगी
उसके जाने की एक-एक भंगिमा
पहले वह गई होगी जैसे सुगन्ध
फिर जैसे रूप
जैसे रस जैसे रंग
फिर पंखुरी-पंखुरी बिखर गई होगी

जैसे एक साम्राज्य।

लेकिन जाते-जाते एक बार
उसने पीछे मुड़कर देखा होगा
किसी की कल्पनाओं में छूट गई
अपनी ही एक अलौकिक छवि,
और अपने से भी अधिक सुन्दर कुछ देखकर
ठगी-सी खड़ी रह गई होगी
कहीं धरती और आकाश के बीच
एक अस्तव्यस्त छाया-चित्र
किसी पुराकथा के मद्धिम उजाले में

एक अधूरी रचना
लौटती है पृथ्वी पर बार-बार
खोजती हुई उन्हीं अनमनी आँखों को
जो देखती हैं जीवन को जैसे एक मिटता सपना,
और सपनों में रख जाती हैं एक अमिट जीवन।

आना किन्तु इस तरह

आना किन्तु इस तरह
कि अबकी पहचान में न आना

जैसे तुम नहीं
तुम्हारी जगह
एक धुंध
एक कुहासा
डूबते सूरज की धूसर रोशनी को ओढ़े हुए

आना जब कि समय बहुत कम हो
और अनन्त पड़ा हो पाने को
मुझे बेहद जल्दी हो कहीं जाने की
और एक अजनबी रास्ता
बेताब हो मुझे ले जाने को

उस वक्त आना ऐसे कि लगे
किसी ने द्वार खटखटाया
                कोई न हो
पर लगे कि कोई आया
इतना आत्मीय
इतना अशरीर
जैसे हवा का एक झोंका

और मुझमें समाकर निकल जाना
जैसे निकल गई
एक पूरी उम्र

अन्धे मोड़ पर

रफ़्तार कम कर लें
ज़रा लम्बा चक्कर लें
अगर घुमाव तीखा हो
        और हमारा वह निर्णायक मोड़
        अँधेरे में हो

अँधेरे से सावधान–
        और उस लापरवाह अजनबी से भी

जो नहीं जानता
कि हम उधर ही से आ रहे

और ध्यान रखें
उस अमूर्त कोहरे का भी
जो सड़क पार कर रहा

और हाँ उस चौंधिया देनेवाली रोशनी का भी
जो दूसरी ओर से
कभी भी प्रगट हो सकती है

रास्ते के अन्त का बराबर ख़याल रखें,
और उस खड्ड का भी
जो अभी दिख नहीं रहा

वैसे, इन्हें दुश्मन न समझें
बस यूँ है कि कभी-कभी
एक अचम्भा मात्र बुरी तरह चौंका देता है
—एक सुन्दर अचम्भा भी—कुछ इस तरह
कि जान ही निकल जाती है!

एक शाम

एक शाम
अपने में डूबता चला जा रहा हूँ

मुझमें घर लौटती चिड़ियों का शोर
मुझमें शान्त जल पर पड़ती परछाइयों की स्थिरता

अपने ही दरवाज़े पर अपनी ही आहट
दूर से आती अपनी ही आवाज़ में सुना हुआ एक नाम
अपने ही कन्धों पर उगता खर-पतवार

यह कैसी है शाम
जो इतनी तरह से मेरी होती जा रही।

तितलियों के देश में

एक बार धोखा हुआ
कि तितलियों के देश में पहुँच गया हूँ
और एक तितली मेरा पीछा कर रही

मैं ठहर गया
तो वह भी ठहर गई,
मैंने अपने पीछे मुड़कर देखा
तो अपने पीछे मुड़कर उसने भी देखा,
फिर जब मैं उसके पीछे भागने लगा
वह भी अपने पीछे की ओर भागने लगी।

दरअसल वह भी
मेरी ही तरह धोखे में थी
कि वह तितलियों के देश में है
और कोई उसका पीछा कर रहा।

दूसरों की खुशी के लिए

बीमार नहीं है वह,
कभी-कभी बीमार-सा पड़ जाता है
उनकी खुशी के लिए
जो सचमुच बीमार रहते हैं।

किसी दिन मर भी सकता है वह
उनकी खुशी के लिए
जो मरे-से रहते हैं।

कवियों का कोई ठिकाना नहीं,
न जाने कितनी बार वे
अपनी कविताओं में जीते और मरते हैं।

उनके कभी न मरने के भी उदाहरण हैं
        उनकी खुशी के लिए
                जो कभी नहीं मरते हैं।

आधी रात

आधी रात। अपने घर में घुस रहा हूँ। चोर की तरह। दरवाजे अन्दर से बन्द नहीं हैं। अन्दर मैं बेखबर सो रहा हूँ। मेरे साथ मेरा पूरा घर बेखबर है।

मैं अपने सिरहाने खड़ा हूँ। अपने को सोते हुए देख रहा हूँ। ग़ौर से अपने को देख रहा हूँ। फिर उस सबको देख रहा हूँ जो मेरा कहा जाता है। जिसे और जिन्हें

मेरे बाद भी मेरा कहा जाता रहेगा।
मैं अपने बाद अपने को देख रहा हूँ। मैं अपने बाद उस सब
को देख रहा हूँ जिसके लिए चोरों की तरह आधी रात
को अपने ही घर में घुसा हूँ।

मैं अचानक जाग गया हूँ। मेरे सिरहाने कोई खड़ा है।
आधी रात वह कौन हो सकता है? चोर तो नहीं?
मैं तो नहीं जो कल शाम घर से निकल गया था और
अब शायद घर लौटा हूँ?

"तुम कौन हो भाई?" मैं पूछना चाहता हूँ।
"चलो मेरे साथ। यहाँ से बाहर चलो।"
"नहीं, मैं यहीं रहना चाहता हूँ, अपने घर में, अपनों के साथ।"

"तुम सपना देख रहे हो। तुम सो रहे हो। यह तुम्हारा
घर नहीं है। ये तुम्हारे लोग नहीं हैं। तुम मेरे साथ चलो।
तुम्हारा घर यहाँ से बहुत दूर है।"
मैं विरोध करता हूँ।
"नहीं, मैं इन्हें छोड़कर कहीं नहीं जा सकता।"

"तुम्हें चलना होगा।"
मुझे मालूम हो गया कि मैं क्या चुराने अपने घर में घुसा था,
आधी रात गए।

वह मेरे साथ चल रहा है। वह धीरे-धीरे कुछ सोचता
हुआ चल रहा है।
"तुम इसी तरह मेरे साथ चुपचाप चलते रहो तो छुरे का
आतंक हटा लूँ।"
और मैंने हम दोनों के बीच से मौत की धमकी हटा ली।
"हम कहाँ जा रहे हैं?"

"तुम्हें जल्दी मालूम हो जाएगा।"
"क्या मेरी हत्या होगी?"
"तुम पर निर्भर है।"
"कैसे?"
"तुम चाहो तो मुझे मारकर अपने घर लौट जाओ।
मैं विरोध नहीं करूँगा।"
"पर तुम मुझे मारना क्यों चाहते हो। मैं किसी को नहीं
मारना चाहता। तुम मुझे क्यों मजबूर कर रहे हो कि
मैं तुम्हें मारूँ?"

"मैं तुम्हें मजबूर नहीं कर रहा। एक मौक़ा दे रहा हूँ
कि मुझे मारकर खुद को बचा लो। मैं तुम्हारा
जानी दुश्मन हूँ और जानी दोस्त भी।"
"पर मैं तो तुम्हें जानता ही नहीं।"

"पर मैं तुम्हें अच्छी तरह जानता हूँ। मुझे गौर से देखो
बिल्कुल तुम्हारी तरह दिखता हूँ, तुम्हारे दुश्मन की
तरह नहीं, इसलिए तुम हमेशा धोखे में रहोगे कि मैं
तुम्हारा दुश्मन नहीं हूँ, और धोखे से मारे जाओगे।
अपने को बचाना चाहते हो तो अपने हमशक़्लों से
सावधान रहना।"
"अगर मैं तुम्हें मारने से इंकार करूँ तो?"
"मैं तुम्हे मारकर तुम्हारी जगह तुम्हारे घर लौट जाऊँगा।
वे मुझे पहचानेंगे नहीं। समझेंगे तुम्हीं हो। मैं उनके
बीच छिप जाऊँगा।"

आधी रात। अपने घर में घुस रहा हूँ। चोर की तरह।
मैं नहीं जानता कि मैं हत्यारा हूँ या मेरी हत्या हुई है।
जब भी आइने के सामने पड़ता हूँ चौंक जाता हूँ।
मेरी सूरत कभी एक से तो कभी दूसरे से मिलती है।

काला और सफ़ेद

सिर्फ़ दो ही रंग होते हैं
शब्दों की दुनिया में
काला और सफ़ेद।

दरअसल काला तो कोई रंग ही नहीं
और सफ़ेद भी
होता है कई रंगों से मिलकर बना
एक तटस्थ रंग
लेकिन काले का घोर प्रतिवादी
और यही उसकी ताक़त है

काला जिस सचाई को ढँकता
सफ़ेद उसके बीच से बोलता रहता
दबी ज़बान—कभी खुलकर
मानो गवाही दे रहा हो
भरी अदालत में
काले के ख़िलाफ़

सफ़ेद स्वभाव से विनम्र
लेकिन प्रभाव में तीखा है।
उसकी निडर सादगी
खादी की तरह
कपट को ओढ़ने से इन्कार करती

कभी-कभी तो लगभग पारदर्शी हो जाती है
नंगई के ख़िलाफ़
और चीख़ने लगती उसकी उज्ज्वलता

जैसे सूरज की रोशनी।

सभी चाहते कि शब्दों के बीच
सचाई को ज़्यादा-से ज़्यादा जगह मिले

लेकिन परेशान हैं इन दिनों
काले की जगह
सफ़ेद नामक झूठ ने ले ली है
और दोनों ने मिलकर
एक बहुत बड़ी दूकान खोल ली है।

रोज़ धड़ल्ले से उनके रंगबिरंगे विज्ञापन छपते
कि झूठ कुछ नहीं
सिर्फ़ सच को ढँकने की कला है :
ज़िन्दगी का कारोबार
झूठ-सच की लीपापोती पर चला है।

कुछ छोटी कविताएँ

[1]

कोई दुख
मनुष्य के साहस से बड़ा नहीं—

वही हारा
जो लड़ा नहीं

[2]

एक ही कविता में होती हैं
कई कई कविताएँ
जैसे एक ही जीवन में
कई जीवन...

छोटी-छोटी सम्पूर्णताओं का
एक अधूरा संग्रह

पूरा जीवन

[3]

तेज़ धारा की पकड़ में
आ गया है वह
मेरे हाथों से छूट गया है
उसका हाथ
कच्चा तैराक़ है
उखड़ती साँस
उखड़ते पाँव
न थाह न ठहराव

पता नहीं
यह धारा उसे बहा ले जाएगी
या किसी नए तट से लगाएगी

[4]

एक बच्चा खेलता है सागर से—
बनाता बालू पर अपने पैरों के निशान,
सागर हँसकर मिटा देता है उन्हें

बच्चा बनाता घरौंदे
ढहा देती उन्हें नटखट लहरें

रूठे बच्चे को मनाता है सागर–
बालू पर बनाता उसके लिए
लाखों लहरों के निशान

करता है इन्तज़ार
अकेला सागर

[5]

एक साफ़ सुथरे चौकोर काग़ज़ की तरह
उठाकर ज़िन्दगी को प्यार से
सोचता हूँ इस पर कुछ लिखूँ
फिर
उसे कई मोड़ देकर
कई तहों में बाँटकर
एक नाव बनाता हूँ
और बहते पानी पर चुपचाप छोड़कर
उससे अलग हो जाता हूँ।

बहाव में वह
काग़ज़ नहीं
एक बच्चे की खुशी है।

[6]

फूल फिर एक घटना है जो घट रही
खुशबू एक ख़बर है जो फैल रही
उसके अथाह वैभव की!

अचानक रंग चीख़ते—"बचाओ
खून हो रहा हरियाली पर"

स्तब्ध है सन्नाटा
समय फिर निकल भागा
सर्वस्व लूटकर
आदमी के बनाए
किसी भी क़ानून की गिरफ़्त से छूटकर

[7]

जिस रास्ते से गए थे
लौटते वक़्त वही रास्ता
वही रास्ता नहीं होता।

डगर चढ़ते
चढ़ता सूरज
ढलानों पर उतरते

उतरता सूरज
वही सूरज नहीं होता।

[8]

कितने इन्तज़ार बाद फूल आए हैं
मैं फिर इन्तज़ार करूँगा
उसी धैर्य के रास्ते पर
जिससे फूल आते हैं।

यद्यपि मैं जानता हूँ अब
आने जाने के लिए
अनेक तेज़ सवारियाँ उपलब्ध हैं

और तुम्हें
तेज़ सवारियाँ पसन्द हैं।

[9]

आसमान से उतरी थी
कभी सवेरे
अप्सरा-सी जगमगाती धूप
दुनिया की सैर के लिए

किराये के दो कमरों में
रहती है आजकल

शाम को आती है
सिर्फ़ सोने के लिए
कमरे में रुआँसी-सी
ज़रा-सी धूप

[10]

अब मेरे हाथों को छोड़ दो
गहरे पानी में

वे डूबेंगे नहीं
उनमें समुद्र भर आएगा।

शान्ति-वार्ता

अल्लाहो अकबर
विनती है भगवान्,
अगर दो तो अणुबम

न ये गन न वो गन

ब्रह्मास्त्र दानम्
रॉकेट महानम्
महाशून्य खड्डम
समझ गड्ड-मड्डम्

लड़ाकू विमानम्
न अन्नम् न वस्त्रम्
करें शास्त्र-चर्चा
मगर होड़ शस्त्रम्

हलाहल पचाये
मगर मुँह पे खीसम्
करें शान्ति वार्ता
मगर दाँत पीसम्

पुराणम् कुरानम्
सभी को प्रणामम्
न साखी न सब्दम्
महायुद्ध ठानम्

ईसा न इस्लाम
मार्क्सम न बुद्धम्
न मजहब न धम्मम्
परम सत्य युद्धम्

परमाणु बम बम
तुम तुम न हम हम
मिटाने औ' मिटने में

हम कम न तुम कम

न पश्चिम न पूर्वम्
नकारम् भविष्यम्
विस्फोट सफलम्
निराकार विश्वम्।

अभिनवगुप्त

सावधान आचार्य!

सरासर झूठ बोलता है आईना
वह सब जो हमारे दाईं ओर है
हमारे बाईं ओर दिखाता,
वह सब जो हमारी बाईं ओर है
हमारे दाईं ओर बताता

अतः
एक शक की गुंजाइश है वहाँ भी
कि हम सिर के बल खड़े हैं
या पाँवों के बल?

या
कहीं ऐसा तो नहीं
कि आकाश और पाताल को मिलाती
एक काल्पनिक रेखा
जहाँ दायें बायें को काटती है
सचाई का सबसे नाजुक बिन्दु वही हो?

अमीर खुसरो

हाँ ग़यास, दिल्ली के इसी डगमगाते तख़्त पर
एक नहीं ग्यारह बादशाहों को
बनते और उजड़ते देखा है।
ऊब गया हूँ इस शाही खेल तमाशे से
यह 'तुग़लकनामा'–बस, अब और नहीं।
बाकी ज़िन्दगी मुझे जीने दो
सुल्तानों के हुक़्म की तरह नहीं
एक कवि के ख़यालात की तरह आज़ाद
एक पद्मिनी के सौंदर्य की तरह स्वाभिमानी
एक देवलरानी के प्यार की तरह मासूम
एक गोपालनायक के संगीत की तरह उदात्त
और एक निज़ामुद्दीन औलिया की तरह पाक।

ग़यास एक स्वप्न देखता है, "अब्बा जान
उस संगीत में तो आपकी जीत हुई थी?"

"नहीं बेटा, हम दोनों हार गए थे।
दरबार जीता था।
मैंने बनाए थे जो क़ानून
उसमें सिर्फ़ मेरी ही जीत की गुंजाइश थी।
मैं ही जीतूँ
यह मेरी नहीं आलमपनाह की ख्वाहिश थी"

ख़ुसरो जानता है अपने दिल में
उस दिन भी सुल्तानी आतंक ही जीता था
अपनी महफिल में।
भूल जाना मेरे बच्चे कि खुसरो दरबारी था।
वह एक ख्वाब था–

जो कभी संगीत
कभी कविता
कभी भाषा
कभी दर्शन से बनता था
वह एक नृशंस युग की सबसे जटिल पहेली था
जिसे सात बादशाहों ने बूझने की कोशिश की!

खुसरो एक रहस्य था
जो एक गीत गुनगुनाते हुए
इतिहास की एक बहुत कठिन डगर से गुज़र गया था।

एक जले हुए मकान के सामने

शायद वह जीवित है अभी, मैंने सोचा।
उसने इन्कार किया–
मेरा तो क़त्ल हो चुका है कभी का!

साफ़ दिखाई दे रहे थे
उसकी खुली छाती पर
गोलियों के निशान।

तब भी–उसने कहा–
ऐसे ही लोग थे, ऐसे ही शहर,
रुकते ही नहीं किसी तरह
मेरी हत्याओं के सिलसिले।

जीते जी देख रहा हूँ एक दिन
एक आदमी को अनुपस्थित–

सुबह-सुबह निकल गया है वह
टहलने अपने बिना
लौटकर लिख रहा है
अपने पर एक कविता अपने बरसों बाद
रोज़ पढ़ता है अख़बारों में
कि अब वह नहीं रहा
अपनी शोक-सभाओं में खड़ा है वह
आँखें बन्द किए—दो मिनटों का मौन।

भूल गया है रास्ता
किसी ऐसे शहर में
जो सैकड़ों साल पहले था।
दरअसल कहीं नहीं है वह
फिर भी लगता है कि हर जगह वही है
नया-सा लगता कोई बहुत पुराना आदमी
किसी गुमनाम गली में
एक जले हुए मकान के सामने
खड़ा हैरान
कि क्या यही है उसका हिन्दुस्तान?

सोच में पड़ गया है वह
इतनी बड़ी रोशनी का गोला
जो रोज़ निकलता था पूरब से
क्या उसे भी लील गया कोई अँधेरा?

वाहवाहों पर

कुछ लिखता

कुछ लिख जाता

जो लिख जाता
उसे जब लिखा हुआ पाता

सबको सुनाता
कि मैंने लिखा है

सुन कर
मेरे अन्दर छिपकर बैठा कोई
वाह-वाह नहीं करता

वाहवाहों पर मुस्कुराता है

महासच

निकला तो था
एक छोटे से सच की तलाश में
कि रास्ते में मिल गया
एक महासच

घबराकर गिर पड़ा उसके चरणों में
और गिड़गिड़ाया—
बचाओ, बचाओ
हमारे बच्चों बराबर
छोटे-छोटे सचों की जान खतरे में है।

उसने आश्वस्त किया—घबराओ मत

अब सच को खोजने
तुम्हें मन वन में
नहीं जाना होगा
वह तुम्हें खोज लेगा कहीं भी
तमाम माध्यमों के द्वारा सीधे
तुम्हारे घर में प्रवेश करेगा, तुम्हारे बच्चों के
साथ खेलेगा
और उन्हीं के साथ बड़ा होगा इस तरह
कि उसके सामने
पूरी दुनिया छोटी पड़ जाएगी

एक बहुत बड़ी मशीन की तरह
होगा वह सच–
तमाम चलते पुरजों का संग्रह!

तब से बच्चों बराबर
छोटे-छोटे सच तो अन्तर्ध्यान हैं
और उनकी जगह
एक-से-एक-बड़े-महासच
अपने विकराल रूपों में वर्तमान हैं।

दीवारों पर चढ़ते फूल

पुराने भुतहे क़िलों की तरह होती है कुछ-कुछ
हमारे भयों की बनावट

फौजी शैली के ग़ुलामों का कड़ा पहरा
उनका संगठित मामूलीपन

नए आगमन की हर आहट पर
चौंकती उनकी मानसिकता—शत्रु या मित्र?

हमेशा से एक सशंकित बचाव-नीति से
निकलती
दीवारों की क़वायदी रेखागणित
जितनी पेचीदा
उतनी ही भयानक!
हमारे घरों की शक्की घेराबन्दी तक पहुँचती
उसके आतंक की मनहूस छाया

सशंकित क्यों हैं लोग
कि सूर्य की पहली किरण के साथ
हल्ला बोलकर चढ़ रहे जो
क़िले की दीवारों पर
बेलों के सहारे
कहीं वे भी
बाग़ी फूलों के हरावल दस्ते न हों?

उसे ख़ाली हाथ लौटाने से पहले

क्यों उसे लौटकर जाना पड़ता है
बार-बार उसी दुनिया में
लिए वही ख़ाली पात्र?

क्यों उसे लौट जाना पड़ता है
हर बार उसी तरह ख़ाली हाथ?

मुट्ठी भर अन्न डालते हुए
उसके कटोरे में देखें
हमारा दिया
उसकी विनय से छोटा तो नहीं।

मिट्टी के ख़ाली पात्र को नहीं
करुणा से भरी उसकी आँखों को देखें
कि हमारे द्वार पर आया भिक्षुक
कहीं बुद्ध तो नहीं?

सरहपा

अकेला कवि सरहपा
भटकता है राज्ञी से श्रीपर्वत तक
खोजता मुक्ति का अर्थ

विद्वत्‌समाज में
सभा गोष्ठियों में
सुन्दर विदुषी
कनखियों से देखती उसे
शबर-कन्या

कुशल सन्धान!
एक ही शर से बींध देती
असावधान कवि का हृदय और बुद्धि

निषेधों को पार करता
एक दुस्साहस

डूबकर नहाता आँखों की नीली झील में
धूप में सीपी-से चमकते कानों में पढ़ता एक मन्त्र
चिकने कपोलों पर लिखता प्यार के मनमाने छन्द
लहराते केशों की सुगन्ध में ऊँघती एक मदहोशी
    चूमता नाभि-कमल
    तितली हो जाता एक मन

जैसे चाँद तारे आकाश में
वैसे ही इन्द्रियाँ विभिन्न स्थान शरीर में
    दुर्लभ संयोग से
    झरते बीज-बिन्दु फूलों से
    काया से उगता वसन्त।

दोनों मिलकर खेलते एक खेल
जिसमें दोनों जीतते हैं एक साथ।
    बचा रह जाता
    उस खेल का कवित्व,
        और स्त्री-पुरुष, ऊँच-नीच के अभेद में
        मनुष्य के मुक्त होने का अर्थ।

●●●